Baltasar Gracián

El discreto

Barcelona 2024
Linkgua-ediciones.com

Créditos

Título original: El discreto.

e-mail: info@Linkgua-ediciones.com

Diseño de cubierta: Michel Mallard.

ISBN rústica: 978-84-1126-797-7.
ISBN ebook: 978-84-9953-745-0.

Sumario

Presentación

La vida

La vida Baltasar Gracián (Belmonte, Zaragoza, 1601-Tarazona, Zaragoza, 1658). España.

Se educó en Toledo con un tío clérigo. A los dieciocho años ingresó en la Compañía de Jesús, más tarde fue profesor de teología moral y filosofía en colegios de Valencia, Lérida, Gandía y Huesca.

En Zaragoza fue confesor del virrey de Aragón y luego predicador en Madrid y Valencia. Después ocupó una cátedra de Sagrada Escritura, pero fue destituido por publicar El criticón (1651).

Al príncipe Baltasar Carlos

Señor:

Este feliz asunto, que la amistad pudo hacerle mío, dedicándole yo V. A. le consagro a la eternidad. Pequeño es el don, pero confiado, que si al gran Jerjes le cayó en gusto la vulgar agua brindada, con más realce será lisonja a V. A. el singular sudor de un estudioso, ofrecido en este culto trabajo. Émulo es de El Héroe, más que hermano, en el intento y en la dicha, que si aquél se admiró en la mayor esfera del selecto Museo Real, éste aspira al sumo grado del juicioso agrado de V. A. Examínese de águila esta pluma a los rayos de un Sol, que amanece tan brillante a eclipsar lunas y marchitar flores. Señor, pues Vuestra Alteza es el verdadero Discreto, dígnese dar a un imaginado el ser, la vida, la fama de tan augusto patrocinio.

Don Vincencio Juan de Lastanosa

Aprobación

Del doctor don Manuel de Salinas y Lizana, canónigo de la Santa Iglesia de Huesca Por comisión del ilustre señor Jerónimo Arasques, doctor en Derechos, canónigo de esta Santa Iglesia de Huesca, oficial y vicario general del ilustrísimo y reverendísimo señor don Esteban Esmir, obispo de Huesca, del Consejo de su Majestad, vi *El Discreto*, que publica don Vincencio Juan de Lastanosa. Costome su lectura admiración y cuidado, que ha menester tenerle el más perspicaz ingenio, para no ocupar el tiempo sin lograrle, que hay distancia de lo que percibe el oído a lo que penetra el entendimiento. Sólo el título promete mucho, pero desempeña más, que en genios de remonte de águila está asegurado el acierto en la dificultad del asunto. Todos los que ha logrado este autor (otros emprenden, él logra) son singulares; no lo atribuyo a afectación, sino a fuerza del natural, que el entendimiento siempre busca proporcionado el objeto, por diferenciarle de la voluntad, que es ciega. Dio las primeras luces de su idea a la enseñanza de un príncipe, en El Héroe y Político, que es muy propio de sol dorar con sus primeros rayos las cumbres. Por ser tan eminente el modo de su enseñanza, dio Arte al Ingenio, que mal se caminara por senda tan desconocida y nueva sin arte. Forma ahora de política general un Discreto, si le halla entendido, que ésta es prenda del natural y aquélla del arte y la experiencia. Enseña a un hombre a ser perfecto en todo; por eso no enseña a todos. Autoriza cuerdamente su doctrina con ejemplos de insignes varones de todos siglos, que siempre han menester la virtud y magnanimidad, en nuestra flaqueza, el estímulo. El estilo es lacónico, y tan divinizado, que a fuer de lo más sacro, tiene hasta en la puntuación misterios. Mídese con la grandeza de la materia. Todo conseguirá la aprobación de los entendidos, que no acredita el aplauso de todos, cuando son tan pocos los doctos. Obra es, no para ocupar las horas, sino para lograrlas, que ofrece poco a la lectura, pero mucho al discurso. No contiene cosa contra la Fe, antes la aviva, porque excita el entendimiento; ni contra las costumbres, pues no trata sino de enseñar a mejorarlas. Y así puede darse licencia para que se imprima. Éste es mi parecer, en Huesca, a 30 de enero de 1646.

Manuel de Salinas y Lizana

Vista la Aprobación del señor canónigo Salinas, damos licencia que se imprima el Varón Discreto.

El Dr. Jerónimo Arasques, Oficial y Vicario general

Aprobación

Del doctor Juan Francisco Andrés

El Discreto, de Lorenzo Gracián, que publica don Vincencio Juan de Lastanosa, se me comete de orden del ilustre señor don Miguel Marta, doctor en ambos derechos, del Consejo de su Majestad y Regente de la Real Cancillería del reino de Aragón, para que diga mi sentir y le asegure de los encuentros de las preeminencias reales y bien de la república, en cuyos escollos está muy lejos de peligrar la Discreción. El asunto que describe es tan provechoso cuanto experimentarán los que atentamente le meditaren, que no basta leerle para comprenderle. La cultura de su estilo y la sutileza de sus conceptos se unen con engarce tan relevante, que necesita la atención de sus cuidadosos reparos para aprovecharse de su doctrina. Ostentó sus airosos rasgos en el Arte de Ingenio y Agudeza, y en otras fatigas de igual artificio, pero ¿quién admirará la singularidad de su idea, pues tiene por cuna a Bílbilis (hoy Calatayud), patria augusta de Marcial, que también se hereda el ingenio como la naturaleza? Las constelaciones influyen con más benevolencia en unos climas que en otros; de aquí nace la abundancia en unos y la necesidad en otros de varones sabios, aunque esta falta se ocasiona muchas veces de la violencia de los genios, señalando los padres a sus hijos las artes y ciencias que eligió un antojo, sin averiguar sus geniales inclinaciones; de esta causa se originan las desdichas o los aciertos de las repúblicas, porque faltando en ellas la sabiduría y madurez fácilmente vacilan, porque éstas son los ejes políticos donde se asegura la estabilidad. Pudiera la ignorancia desengañarse en sus desaciertos, pero depusiera su malignidad si llegara a conocerlos, y así vanamente desvanecida en su tema, procura adelantarlo y aun persuadirlo, pues desprecia las observaciones de aquellos que examinan la propensión del ánimo. En muchas provincias se practican los dictámenes del acierto y se lucen también, que las artes liberales, encontradas con los sujetos que las profesan, no resplandecen con eminencia, sino con mediocridad.

Estos errores podrá enmendar quien observare las reglas del Varón Discreto, porque sin la discreción será lo mismo que un diamante rudo, pues aunque tiene valor intrínseco, no le descubre hasta que el buril lo proporciona, debiendo más luces al artífice que a su oculto resplandor; y así merece darse a la estampa.

Huesca, 5 de febrero, 1646.

El Dr. Juan Francisco Andrés Imprimatur:

MARTA Regens.

A los lectores

Don Vincencio Juan de Lastanosa
El cuarto (que es calidad) de los trabajos de un amigo doy al lucimiento. Muchos faltan hasta doce, que aspiran a tanta emulación. Puedo asegurar que no le desaniman al presente los pasados, aunque el primero fue un Héroe, cuya mayor gloria no es haberse visto impreso tantas veces y en tantas leguas, todas de su fama; no haber sido celebrado de las más cultas naciones; no haberle honrado tanto algunos escritores, que injirieron capítulos enteros en sus eruditas obras, como lo es El Privado Cristiano. Su verdadero aplauso, y aun su vida, fueron estas reales palabras que dijo, habiéndose dignado de leerle el gran Filipo IV de las Españas: «Es muy donoso este brinquiño; asegúroos que contiene cosas grandes». Que fue lo mismo que laurearlo de inmortal. Tampoco le retira la crisis real aquella célebre Política del rey clon Fernando el Católico, que a votos de juiciosos es lo mejor de este autor. No la prodigiosa Arte de Agudeza, por lo raro, erudito e ingenioso, que antes de ella se tenía por imposible hallarle arte al ingenio. Contentole tanto a un genovés, que la tradujo luego en italiano, y aun se la apropió, que no se contentan éstos con traducir el oro y plata de España, sino que quieren chuparla hasta los ingenios. Ninguno, pues, de los que le preceden, juzgaría que le espanta, si los que le siguen, especialmente un Atento y un Galante, que le vienen ya a los alcances y le han de pasar a non plus ultra.

Mas a dos géneros de lectores he oído quejarse de estas obras; a unos de las cosas y a otros del estilo; aquéllos por sobra de estimación, y éstos por deseársela. Objetan los primeros, y aun se lastimaba la Fénix de nuestro siglo para toda una eternidad, la excelentísima señora Condesa de Aranda, en fe de sus seis inmortales plumas, de que materias tan sublimes, dignas de solos Héroes, se vulgarizasen con la estampa y que cualquier plebeyo, por precio de un real, haya de malograr lo que no le tiene. Oponen los segundos que este modo de escribir puntual, en este estilo conciso, echa a perder la lengua castellana, destruyendo su claridad, que ellos llaman pureza. ¡Oh, cómo solemnizara este vulgar cargo, si lo oyera, el crítico Barclayo, y aun lo añadiera a su Satiricón, donde apasionadamente condena a barbaridad la española llaneza en sus escritores!

Intento responder a entrambos de una vez, y satisfacer a los unos con los otros, de suerte que la objeción primera sea solución de la segunda, y la segunda, de la primera. Digo, pues, que no se escribe para todos, y por eso es de modo que la arcanidad del estilo aumente veneración a la sublimidad de la materia, haciendo más veneradas las cosas el misterioso modo del decirlas. Que no echaron a perder Aristóteles ni Séneca las dos lenguas, griega y latina, con su escribir recóndito. Afectáronle, por no vulgarizar entrambas filosofías, la natural aquél y la moral éste, por más que el Momo inútil los apode a entrambos, de jibia al uno y de arena sin cal al otro.

Merezca, lector discreto, o porque lo eres o para que lo seas, tener vez este arte de Entendidos, estos aforismos de prudencia, en tu gusto y tu provecho.

Soneto acróstico al autor

Del doctor don Manuel de Salinas y Lizana, canónigo de la Santa Iglesia de Huesca Benjamín de Minerva, no ya en vano Al mundo el nombre recatar intentes.

Lauro, el laurel con que el nativo mientes
Te corona y te ostenta más ufano.
Hombre que, humilde, hazañas de su mano

A la noticia esconde de las gentes,
Solicita con rayos más lucientes
Aplausos del Apolo soberano.

Repetidos blasones,
El Discreto Goce ya de la fama, que ligera
Rompe el aire tu nombre publicando.

Atento ya el Varón, varón perfecto,
Corra en la prensa con veloz carrera,
Y váyanse hasta doce continuando,
Así serás tú solo

Norte de ingenios y laurel de Apolo.

Epigrama

Del doctor Juan Francisco Andrés a don Vincencio Juan de Lastanosa

Cuánto a tu genio toda España deba
Contarán tus medallas conocidas,
Si antes la oscuridad desconocidas,
Juzgó hasta que tu pluma las renueva.

Nuevos aplausos a los doctos mueva
La edición de las luces escondidas
A tus ansias debiendo esclarecidas
El lucimiento, que su autor reprueba.

A cuál debamos más no fácilmente
Se podrá discernir; aquél oculta
Su propio nombre artificiosamente.

Tú, porque del retiro le resulta
Mayor gloria, divulgas diligente
Las sutilezas de su lima culta.

I. Genio e ingenio

Elogio Estos dos son los ejes del lucimiento discreto; la naturaleza los alterna y el arte los realza. Es el hombre aquel célebre microcosmo, y el alma, su firmamento. Hermanados el genio y el ingenio, en verificación de Atlante y de Alcides, aseguran el brillar, por lo dichoso y lo lucido, a todo el resto de prendas.

El uno sin el otro fue en muchos felicidad a medias, acusando la envidia o el descuido de la suerte.

Plausible fue siempre lo entendido, pero infeliz sin el realce de una agradable genial inclinación; y, al contrario, la misma especiosidad del genio hace más censurable la falta del ingenio.

Juiciosamente, algunos, y no de vulgar voto, negaron poderse hallar la genial felicidad sin la valentía del entender; y lo confirman con la misma denominación de genio, que está indicando originarse del ingenio; pero la experiencia nos desengaña fiel, y nos avisa sabia, con repetidos monstruos en quienes se censuran barajados totalmente.

Son culto ornato del alma, realces cultos, mas lo entendido entre todos corona la perfección. Lo que es el sol en el mayor, es en el mundo menor el ingenio. Y aun por eso fingieron a Apolo dios de la discreción. Toda ventaja en el entender lo es en el ser; y en cualquier exceso de discurso no va menos que el ser más o menos persona.

Por lo capaz se adelantó el hombre a los brutos, y los ángeles al hombre, y aun presume constituir en su primera formalísima infinidad a la misma Divina Esencia. Tanta es la eminente superioridad de lo entendido.

Un sentido que nos falte nos priva de una gran porción de vida y deja como manco el ánimo. ¿Qué será faltar en muchos un grado en el concebir y una ventaja en el discutir, que son diferentes eminencias?

Hay a veces entre un hombre y otro casi otra tanta distancia como entre el hombre y la bestia, si no en la substancia, en la circunstancia; si no en la vitalidad, en el ejercicio de ella.

Bien pudiera de muchos exclamar, crítica, la vulpeja: «¡Oh, testa hermosa, mas no tiene interior! En ti hallo el vacuo que tantos sabios juzgaron imposible». Sagaz anatomía mirar las cosas por dentro; engaña de ordinario la aparente hermosura, dorando la fea necedad; y, si callare, podrá desmentir el más simple de los brutos a la más astuta de ellos, conservando la piel de su apariencia. Que siempre curaron de necios los callados, ni se contenta el silencio con desmentir lo falto, sino que lo equivoca en misterioso.

Pero el galante genio se vio sublimado a deidad en aquel, no solamente cojo, sino ciego tiempo, para exageración de su importancia a precio de su eminencia; los que más moderadamente erraron, lo llamaron inteligencia asistente al menor de los universos. Cristiano ya el filosofar, no le distingue de una tan feliz cuanto superior inclinación.

Sea, pues, el genio singular, pero no anómalo; sazonado, no paradojo; en pocos se admira como se desea, pues ni aun el heroico se halla en todos los príncipes, ni el culto en todos los discretos.

Nace de una sublime naturaleza, favorecida en todo de sus causas; supone la sazón del temperamento para la mayor alteza de su ánimo, débesele la propensión a los bizarros asuntos, la elección de los gloriosos empleos, ni se puede exagerar su buen delecto No es un genio para todos los empleos, ni todos los puestos para cualquier ingenio, ya por superior, ya por vulgar. Tal vez se ajustará aquél y repugnará éste, y tal vez se unirán entrambos, o en la conformidad o en la desconveniencia.

Engaña muchas veces la pasión, y no pocas la obligación, barajando los empleos a los genios; vistiera prudente toga el que desgraciado arnés; acertado aforismo el de Quilón: «Conocerse y aplicarse».

Comience por sí mismo el Discreto a saber, sabiéndose; alerta a su Minerva, así genial como discursiva, y déle aliento si es ingenua. Siempre fue desdicha el violentar la cordura, y aun urgencia alguna vez, que es un fatal tormento, porque se ha de remar entonces contra las corrientes del gusto, del ingenio y de la estrella.

Hasta en los países se experimenta esta connatural proporción, o esta genial antipatía; más sensiblemente en las ciudades, con fruición en unas, con desazón en otras; que suele ser más contrario el porte al genio que el clima al temperamento. La misma Roma no es para todos genios ni ingenios, ni a todos se dio gozar de la culta Corinto. La que es centro para uno, es para el otro destierro; y aun la gran Madrid, por ser madre del mundo desde el Oriente hasta el Ocaso, en fe del Gran Filipo en su cuarta esfera, algunos la reconocen madrastra. ¡Oh, gran felicidad topar cada uno y distinguir su centro! No anidan bien los grajos entre las musas, ni los varones sabios se hallan entre el cortesano bullicio, ni los cuerdos en el áulico entretenimiento.

En la variedad de las naciones es donde se aprueban y aun se apuran, al contraste de tan varios naturales y costumbres. Es imposible combinar con todas, porque ¿quién podrá tolerar la aborrecible soberbia de ésta, la despreciable liviandad de aquélla, lo embustero de la una, lo bárbaro de la otra, si no es que la conformidad nacional en los mismos achaques haga gusto de lo que fuera violencia?

Gran suerte es topar con hombres de su genio y de su ingenio; arte es saberlos buscar; conservarlos, mayor; fruición es el conversable rato y felicidad la discreta comunicación, especialmente cuando el genio es singular o por excelente o por extravagante; que es infinita su latitud, aun entre los dos términos de su bondad o su malicia, la sublimidad o la vulgaridad, lo cuerdo o lo caprichoso; unos comunes, otros singulares.

Inestimable dicha cuando diere lugar lo precioso de la suerte a lo libre de la elección, que ordinariamente aquélla se adelanta y determina la mansión y aun el empleo, y, lo que más se siente, la misma familiaridad de amigos, sirvientes y aun consortes, sin consultarlo con el genio, que por esto hay tantos quejosos de ella, penando en prisión forzosa y arrastrando toda la vida ajenos yerros.

Cuál sea preferible en caso de carencia o cuál sea ventajoso en el de exceso, el buen genio o el ingenio, hace sospechoso el juicio. Puede mejorarlos la industria o rechazarlos el arte. Primera felicidad, participarlos en su naturaleza heroicos, que fue sortear alma buena. Malograron esta dicha muchos magnates, errando la vocación de su genio y de su ingenio.

Compítense de extremos uno y otro para ostentar a todo el mundo, y aun a todo el tiempo, un coronado prodigio en el príncipe, nuestro señor, el primero Baltasar y el segundo Carlos, porque no tuviese otro segundo que a sí mismo y él solo se fuese primero. ¡Oh, gloriosas esperanzas que en tan florida primavera nos ofrecen católico Julio de valor y aun Augusto de felicidad!

II. Del señorío en el decir y en el hacer

Discurso académico

Es la humana naturaleza aquella que fingió Hesíodo, Pandora. No la dio Palas la sabiduría, ni Venus la hermosura; tampoco Mercurio la elocuencia, y menos Marte el valor, pero sí el arte, con la cuidadosa industria, cada día la van adelantando con una y otra perfección. No la coronó Júpiter con aquel majestuoso señorío en el hacer y en el decir, que admiramos en algunos; dióselo la autoridad conseguida con el crédito, y el magisterio alcanzado con el ejercicio.

Andan los más de los hombres por extremos. Unos, tan desconfiados de sí mismos, o por naturaleza propia o por malicia ajena, que les parece que en nada han de acertar, agraviando su dicha y su caudal, siquiera en no probarlo; en todo hallan qué temer, descubriendo antes los topes que las conveniencias, y ríndense tanto a esta demasía de poquedad, que, no atreviéndose a obrar por sí, hacen procura a otros de sus acciones y aun quereres. Y son como los que no se osan arrojar al agua sino sostenidos de aquellos instrumentos que comúnmente tienen de viento lo que les falta de sustancia.

Al contrario, otros tienen una plena satisfacción de sí mismos; vienen tan pagados de todas sus acciones, que jamás dudaron, cuanto menos condenaron alguna. Muy casados con sus dictámenes, y más cuanto más erróneos; enamorados de sus discursos, como hijos más amados cuanto más feos; y como no saben de recelo, tampoco de descontento. Todo les sale bien, a su entender; con esto viven contentísimos de sí, y mucho tiempo, porque llegaron a una simplicísima felicidad.

Entre estos dos extremos de imprudencia se halla el seguro medio de cordura, y consiste en una audacia discreta, muy asistida de la dicha.

No hablo aquí de aquella natural superioridad que señalamos por singular realce al Héroe, sino de una cuerda intrepidez, contraria al deslucido encogimiento, fundada, o en la comprensión de las materias, o en la autoridad de los años; o en la calificación de las dignidades, que en fe de cualquiera de ellas puede uno hacer y decir con señorío.

Hasta las riquezas dan autoridad. Dora las más veces el oro las necias razones de sus dueños, comunica la plata su argentado sonido a las palabras, de modo que son aplaudidas las necedades de un rico, cuando las sentencias de un pobre no son escuchadas.

Pero la más ventajosa superioridad es la que se apoya en la adecuada noticia de las cosas, del continuo manejo de los empleos. Hácese uno primero señor de las materias, y después entra y sale con despejo, puede hablar con magistral potestad y decir como superior a los que atienden, que es fácil señorearse de los ánimos después de los puntos primeros.

No basta la mayor especulación para dar este señorío; requiérese el continuado ejercicio en los empleos; que de la continuidad de los actos se engendra el hábito señoril.

Comienza por la naturaleza y acaba de perfeccionarse con el arte. Todos los que lo consiguen se hallan las cosas hechas; la superioridad misma les da facilidad, que nada les embaraza; de todo salen con lucimiento. Campean al doble sus hechos y sus dichos; cualquiera medianía, socorrida del señorío, pareció eminencia, y todo se logra con ostentación.

Los que no tienen esta superioridad entran con recelo en las ocasiones, que quita mucho del lucimiento, y más si se diere a conocer. Del recelo nace luego el temor, que destierra criminalmente la intrepidez, con que se deslucen y aun se pierden la acción y la razón, ocupa el ánimo, de suerte que le priva de su noble libertad, y sin ella se ataja el discurrir, se hiela el decir y se impide el hacer, sin poder obrar con desahogo, de que depende la perfección.

El señorío en el que dice concilia luego respeto en el que oye, hácese lugar en la atención del más crítico y apodérase de la aceptación de todos. Ministra palabras y aun sentencias al que dice, así como el temor las ahuyenta, que un encogimiento basta a helar el discurso, y aunque sea un raudal de elocuencia, lo embarga la frialdad de un temor.

El que entra con señorío, ya en la conversación, ya en el razonamiento, hácese mucho lugar y gana de antemano el respeto, pero el que llega con temor, él mismo se condena de desconfiado y se confiesa vencido; con su desconfianza da pie al desprecio de los otros, por lo menos a la poca estimación.

Bien es verdad que el varón sabio ha de ir deteniéndose, y más donde no conoce; entra con recato sondando los fondos, especialmente si presiente profundidad, como lo encargaremos en nuestros Avisos al Varón Atento. Con los príncipes, con los superiores y con toda gente de autoridad, aunque conviene, y es preciso reformar esta señoril audacia, pero no de modo que dé en el otro extremo de encogimiento. Aquí importa mucho la templanza, atendiendo a no enfadar por lo atrevido, ni deslucirse por lo desanimado; no ocupe el temor, de modo que no acierte a parecer, ni la audacia le haga sobresalir.

Hay condiciones de personas que es menester entrarles con superioridad, no sólo en caso de mandar, sino de pedir y de rogar; porque si estos tales conciben que se les tiene respeto, no digo ya recelo, se engríen a intolerables; y éstos comúnmente son de aquellos que los humilló bien naturaleza y los levantó mal su suerte. Sobre todo, Dios nos libre de la vil soberbia de remozos de palacio, insolentes de puerta y de saleta.

Brilla este superior realce en todos los sujetos, y más en los mayores. En un orador es más que circunstancia. En un abogado, de esencia. En un embajador es lucimiento. En un caudillo, ventaja; pero en un príncipe es extremo.

Hay naciones enteras majestuosas, así como otras sagaces y despiertas. La española es por naturaleza señoril; parece soberbia lo que no es sino un señorío connatural. Nace en los españoles la gravedad del genio, no de la afectación, y así como otras naciones se aplican al obsequio, ésta no, sino al mando.

Realza grandemente todas las humanas acciones, hasta el semblante, que es el trono de la decencia. El mismo andar, que en las huellas suele estamparse el corazón, y allí suelen rastrearlo lo juiciosos en el obrar y en el hablar con eminencia, que la sublimidad de las acciones la adelanta al doble la majestad en el obrarlas.

Nácense algunos con un señorío universal en todo cuanto dicen y hacen, que parece que ya la naturaleza los hizo hermanos mayores de los otros; nacieron para superiores, si no por dignidad de oficio, de mérito. Infúndeseles en todo un espíritu señoril, aun en las acciones más comunes; todo lo vencen y sobrepujan. Hácense luego señores de los demás, cogiéndoles el corazón, que todo cabe en su gran capacidad, y aunque tal vez tendrán los otros más ventajosas prendas de ciencia, de nobleza y aun de entereza, con todo eso prevalece en éstos el señorío, que los constituye superiores, si no en el derecho, en la posesión.

Salen otros del torno de su barro ya destinados para la servidumbre de unos espíritus serviles, sin género de brío en el corazón, inclinados al ajeno gusto y ceder el propio a cuantos hay. Éstos no nacieron para sí, sino para otros, tanto, que alguno fue llamado el de todos. Otros dan en lisonjeros, aduladores, burlescos, y peores empleos si los hay. ¡Oh, cuántos hizo superiores la suerte en la dignidad y la naturaleza esclavos en el caudal!

Este coronado realce, como es rey de los demás, lleva consigo gran séquito de prendas; síguele el despejo, la bizarría de acciones, la plausibilidad y ostentación, con otras muchas de este lucimiento. Quien las quisiere admirar todas juntas, hallaralas en el excelentísimo señor don Fernando de Borja, hijo del benjamín de aquel gran Duque santo; heredado en los bienes de su diestra, digo, en su prudencia, en su entereza y en su cristiandad, que todas ellas le hicieron amado, no Virrey, sino padre en Aragón, venerado en Valencia, favorecido del grande de los Filipos en lo más, que es confiarle a su prudente, majestuosa y cristiana disciplina un Príncipe único, para que le enseñe a ser rey y a ser héroe, a ser fénix, émulo del celebrado Aquiles, en fe de su enseñanza.

Y aunque todos estos realces la veneran reina, atiende mucho esta gran prenda a que no la desluzcan algunos defectos que, como sabandijas, siguen de ordinario. La grandeza puede tal vez degenerar, por exceso, en afectación, en temeridad imprudente, en el aborrecible entretenimiento, vana satisfacción y otros tales, que todos son grandes padrastros de la discreción y de la cordura.

III. Hombre de espera

Alegoría

En un carro y en un trono, fabricado éste de conchas de tortugas, arrastrado aquél de rémoras, iba caminando la Espera por los espaciosos campos del Tiempo al palacio de la Ocasión.

Procedía con majestuosa pausa, como tan hechura de la Madurez, sin jamás apresurarse ni apasionarse; recostada en dos cojines que la presentó la Noche, sibilas mudas del mejor consejo en el mayor sosiego. Aspecto venerable, que lo hermosean más los muchos días; serena y espaciosa frente, con ensanches de sufrimiento, modestos ojos entre cristales de disimulación; la nariz grande, prudente desahogo de los arrebatamientos de la irascible y de las llamaradas de la concupiscible; pequeña boca con labios de vaso atesorador, que no permiten salir fuera el menor indicio del reconcentrado sentimiento porque no descubra cortedades del caudal; dilatado el pecho, donde se maduran y aun proceden los secretos, que se malogran comúnmente por aborto; capaz estómago, hecho a grandes bocados y tragos de la fortuna, de tan grande buche, que todo lo digiere; sobre todo, un corazón de un mar, donde quepan las avenidas de pasiones y donde se contengan las más furiosas tempestades, sin dar bramidos, sin romper sus olas, sin arrojar espumas, sin traspasar ni un punto los límites de la razón. Al fin, toda ella de todas maneras grande: gran ser, gran fondo y gran capacidad.

Su vestir no era de gala, sino de decencia; más cumplido cuanto más ajustado, que lo aliñó el Decoro. Tiene por color propio suyo el de la Esperanza, y lo afecta en sus libreas, sin que haya jamás usado otro, y entre todos aborrece positivamente el rojo, por lo encendido de su cólera primero y de su empacho después. Ceñía sus sienes por vencedora y por reina, que quien supo disimular supo reinar, con una rama del moral prudente.

Conducía la Prudencia el grave séquito. Casi todos eran hombres, y muy mucho algunas raras mujeres. Llevaban todos báculos por ancianos y peregrinos; otros se afirmaban en los cetros, cayados, bastones y aun tiaras, que los más eran gente de gobierno. Ocupaban el mejor puesto los italianos, no tanto por haber sido señores del mundo, cuanto porque lo superior ser. Muchos españoles, pocos franceses; algunos alemanes y polacos, que a la admiración de no ir todos satisfizo la política juiciosa con decir que aquella su detenida común pausa procede más de lo helado de su sangre que de lo detenido de su espíritu; quedaba un grande espacio de vacío, que se decía haber sido de la prudentísima nación inglesa, pero que desde Enrico VIII acá faltaban al triunfo de la cordura y de la entereza. Sobresalían por su novedad y por su traje los políticos Chinas.

Iban muy cerca del triunfante carro algunos grandes hombres que los hizo famosos esta coronada prenda, y ahora, en llevarlos a su lado mostraba su estimación. Allí iba el tardador Fabio Máximo, que con su mucha espera desvaneció la gallardía del mejor cartaginés y restauró la gran república romana. A su lado campeaba el bastón de los franceses, consumiendo sus numerosas huestes con la detención y acabando con la vida y con la paciencia de Filipo. El Gran Capitán, muy conocido por su empresa, que sacó en Barleta: aquélla que con grande ingenio enseñaba a tener juicio y le valió un reino, conquistado más con la cordura que con la braveza. Antes de él, el magnánimo aragonés, forjando a fuego lento de las cadenas de su prisión una corona. Iban muchos filósofos y sabios, catedráticos de ejemplo y maestros de experiencia.

Gobernaba el Tiempo la autorizada pompa, que el mismo ir tropezando con sus muletas era lo que mejor le salía. Cerraba la Sazón por retaguardia, ladeada del Consejo, del Pensar, de la Madurez y del Seso. Era esto una muy tarde, cuando vivamente les comenzó a tocar arma un furioso escuadrón de monstruos, que lo es todo extremo de pasión, el indiscreto Empeño, la Aceleración imprudente, la necia Facilidad y el vulgar Atropellamiento; la Inconsideración, la Prisa y el Ahogo, toda gente del vulgacho de la Imprudencia.

Conoció su grande riesgo la Espera por no llevar armas ofensivas, faltar el polvorín —que es munición vedada en su milicia—, por estar reformado el Ímpetu y desarmado el Furor.

Mandó hacer alto a la Detención, y ordenó a la Disimulación que los entretuviese mientras consultaba lo hacedero. Discurriose con prolijidad, muy a la española, pero con igual provecho.

Decía el sabio Biante, gran benemérito de esta gran señora de sí misma, que imitase a Júpiter, el cual no tuviera ya rayos si no tuviera Espera. Luis XI de Francia votó que se disimulase con ellos, que él no había enseñado ni más gramática ni más política a su sucesor. El rey don Juan II de los aragoneses (que hay naciones de Espera, y ésta lo es por extremo, y de la Prudencia) la dijo que advirtiese que hasta hoy más había obrado la tardanza española que la cólera francesa. El grande Augusto coronó su voto y sus aciertos con el festina lente. El duque de Alba volvió a repetir su razonamiento en la jornada sobre Lisboa.

Dijeron todos mucho en breve. Dilatose más el Católico rey don Fernando, como príncipe de la Política –y eslo mucho la Espera-. «Sea uno – decía– señor de sí, y lo será de los demás. La detención sazona los aciertos y madura los secretos; que la aceleración siempre pare hijos abortivos sin vida de inmortalidad. Hase de pensar despacio y ejecutar de presto; ni es segura la diligencia que no nace de la tardanza. Tan presto como alcanza las cosas, se le caen de las manos; que a veces el estampido del caer fue aviso del haber tomado. Es la Espera fruta de grandes corazones y muy fecunda de aciertos. En los hombres de pequeño corazón ni caben el tiempo ni el secreto». Concluyó con este oráculo catalán: Deu no pega de bastó, sino de saó.

Pero el gran Triunfador de Reyes, Carlos V, aquél que en Alemania, con más espera que gente, quebrantó las mismas peñas, las duras y las graves, la aconsejó que, si quería vencer, pelease a su modo: esto es, que esgrimiese la muleta del Tiempo, mucho más obradora que la acerada clava de Hércules. Ejecutolo tan felizmente, que pudo al cabo frustrar el ímpetu y enfrentar el orgullo a aquellas más furias que las infernales, y quedó victoriosa, repitiendo: «El tiempo y yo, a otros dos».

Este suceso contó el Juicio al Desengaño, como quien se halló presente.

IV. De la galantería

Memorial a la discreción

Tienen su bizarría las almas, harto más relevante que la de los cuerpos: gallardía del espíritu, con cuyos galantes actos queda muy airoso un corazón. Llévanse los ojos del alma bellezas interiores, así como los del cuerpo la exterior; y son más aplaudidas aquéllas del juicio que lisonjeada ésta del gusto.

Soy realce en nada común y, aunque universal en los objetos, en los sujetos soy muy singular. No quepo en todos, porque supongo magnanimidad, y con tener tantos pechos un villano, para la galantería no la tiene.

Tuve por centro el corazón de Augusto, que excusándose conmigo venció la vulgar murmuración y triunfó galante de los públicos comicios, quedando más memorable grandeza de haberlos despreciado que la romana libertad de haberlos dicho.

Así que mi esfera es la generosidad, blasón de grandes corazones y grande asunto mío; hablar bien del enemigo y aun obrar mejor; máxima de la divina fe, que apoya tan cristiana galantería.

Mi mayor lucimiento libro en los apretados lances de la venganza; no se los quito, sino que se los mejoro, convirtiéndola cuando más ufara en una impensada generosidad con aclamaciones de crédito.

Por este camino consiguió la inmortal reputación Luis XII, que siempre fueron galantes los franceses, digo, los nobles. Temíanle rey los que le injuriaron duque; mas él, transformando la venganza en bizarría, pudo asegurarlos con aquel más repetido que asaz apreciado dicho: «¡Eh!, que no venga el Rey de Francia los agravios hechos al duque de Orleáns». Pero ¿qué mucho quepan estas bizarrías en un rey de hombres, cuando campean en el de las fieras? Puede el león enseñar a muchos galantería; que las fieras se humanan cuando los hombres se enfierecen, y si degeneraron tal vez, fue (a ponderación de Marcial) por haberse maleado entre los hombres.

Soy política también, y aun la gala de la mayor razón de Estado, que ésta y yo hicimos inmortal al rey don Juan el Segundo, el de Aragón, digo el día en que en aquel célebre teatro de su fama, Cataluña, trocó la más irritada venganza en la más inaudita clemencia: en viéndose vencedor del catalán, pasó a serlo de sí mismo. ¡Oh, nuevo y raro modo de entrar triunfando en tan cara

Barcelona en carros de misericordia! Que fue entrada en los corazones, con vítores de padre español y desengaños del extranjero padrastro.

No estimo tanto las victorias que consigo de la envidia, si bien mi mayor émula; solicítolas, pero no las blasono; nunca afecto vencimientos, porque nada afecto, y cuando los alcanza el merecimiento los disimula la ingenuidad.

Pierdo tal vez de mi derecho, para adelantarme más, y, cuando parece que me olvido del decoro en el ceder, me levanto con la reputación en el exceder. Transformo en gentileza lo que fuera un vulgar desaire; pero no cualquiera; que las quiebras de infamia con ningún artificio se sueldan.

Fue siempre grande sutileza hacer gala de los desaires y convertir en realces de la industria los que fueron disfavores de la naturaleza y de la suerte. El que se adelanta a confesar el defecto propio cierra la boca a los demás; no es desprecio de sí mismo, sino heroica bizarría, y, al contrario de la alabanza, en boca propia se ennoblece.

Soy escudo bizarro en los agravios, socorriendo con notable destreza en las burlas y en las veras. Con un cortesano desliz, ya de un mote y ya de una sentencia, doy salida muchas veces a muchos graves empeños, y saco airosamente del más confuso laberinto.

Gran consorte del despejo y muy favorecida de él, adelantando siempre las acciones, porque las especiosas en sí las realzo más, y las sospechosas las doro a título del despejo y a excusa de bizarría. Desembarázame tal vez de un recato majestuoso a lo humano, de un encogimiento religioso a lo cortés, de un melindre femenil a lo discreto; y lo que se condenara por descuido del decoro se disimula por galantería de condición; pero siempre con templanza, no deslice a demasía, por estar muy a los confines de la liviandad.

Tengo grandes contrarios, para que sean más lucidas mis victorias; atropello muchos vicios, para valer por muchas virtudes; de sola la vileza triunfo con algo de afectación, que jamás la supe hacer, y aborrezco de oposición toda poquedad, ya de envidia, ya de miseria. Préciome de muy noble y lo soy, hidalga de condición y de corazón. Tengo por empresa al gavilán, el galante de las aves, aquél que perdona por la mañana al pajarillo que le sirvió de calentador toda la noche, si pudo darle calor la sangre helada del miedo, y, prosiguiendo con la comenzada gentileza, vuela a la contraria parte que él voló, por no encontrarle y poner otra vez su generosidad en contingencia.

Todo grande hombre fue siempre muy galante, y todo galante, héroe; porque o supongo o comunico la bizarría de corazón y de condición. Toda prenda campea mucho en el varón grande, y más, cuanto mayor, porque, juntas entonces la grandeza del realce y la del sujeto, doblan la perfección.

Pareceré a algunos realce nuevo, pero no a aquellos que ha mucho me admiran en aquella mayor esfera de mi lucimiento, el excelentísimo Conde de Aranda; aquél, digo, que ha hecho tantos y tan relevantes servicios a su Dios en culto, a su rey en donativo y su patria en celo; aquél a quien debe más esplendor su real casa de Urrea que a todos juntos sus antepuestos soles; aquél que ha eternizado juntamente su piedad cristiana y su nobilísima grandeza en conventos, en palacios y en hazañas, y todo esto con grande galantería, consiguiendo el inmortal renombre de bizarro, de galante, de magnánimo y héroe máximo de Aragón, a sombra de cuyo patrocinio llego yo a darte, ¡oh, gran reina de lo discreto!, este memorial de mis méritos, con pretensiones de que me admitas al plausible cortejo de tus heroicas, inmortales y válidas prendas.

V. Hombre de plausibles noticias

Razonamiento académico

Más triunfos le consiguió a Hércules su discreción que su valor; más plausible le hicieron las brillantes cadenillas de su boca que la formidable clava de su mano; con ésta rendía monstruos, con aquéllas aprisionaba entendidos, condenándolos a la dulce suspensión de su elocuencia, y, al fin, más se le rindieron al tebano discreto que valiente.

Luce, pues, en algunos una cierta sabiduría cortesana, una conversable sabrosa erudición, que los hace bien recibidos en todas partes, y aun buscados de la eterna curiosidad.

Un modo de ciencia es éste que no lo enseñan los libros ni se aprende en las escuelas; cúrsase en los teatros del buen gusto y en el general tan singular de la discreción.

Hállanse unos hombres apreciadores de todo sazonado dicho y observadores de todo galante hecho, noticiosos de todo lo corriente en cortes y en campañas. Éstos son los oráculos de la curiosidad y maestros de esta ciencia del buen gusto.

Vase comunicando de unos a otros en la erudita conversación, y la tradición puntual va entregando estas sabrosísimas noticias a los venideros entendidos, como tesoros de la curiosidad y de la discreción.

En todos siglos hay hombres de alentado espíritu, y en el presente los habrá no menos valientes que los pasados, sino que aquéllos se llevan la ventaja de primeros; y lo que a los modernos les ocasiona envidia, a ellos autoridad; la presencia es enemiga de la fama. El mayor prodigio, por alcanzado, cayó de su estimación; la alabanza y el desprecio van encontrados en el tiempo y el lugar: aquélla siempre de lejos y éste siempre de cerca.

La primera y más gustosa parte de esta erudición plausible es una noticia universal de todo lo que en el mundo pasa, trascendiendo a las cortes más extrañas, a los emporios de la fortuna. Un práctico saber de todo lo corriente, así de efectos como de causas, que es cognición entendida, observando las acciones mayores de los príncipes, los acontecimientos raros, los prodigios de la naturaleza y las monstruosidades de la fortuna. Goza de los suavísimos frutos del estudio, registrando lo ingenioso en libros, lo curioso en avisos, lo juicioso en discursos y lo picante en sátiras. Atiende a los aciertos de una monarquía con felicidad, a los desaciertos de la otra con desdicha. Ni perdona a los estruendos marciales en armadas por la mar, en ejércitos por tierra, suspensión del mundo, empleo mayor de la fama, ya engañada, ya engañosa.

Su mayor realce es una juiciosa comprensión de los sujetos, una penetrante cognición de los principales personajes de esta actual tragicomedia de todo el universo; da su definición a cada príncipe y su aplauso a cada héroe. Conoce en cada reino y provincia los varones eminentes por sabios, valerosos, prudentes, galantes, entendidos, y, sobre todo, santos, astros todos de primera magnitud y majestuoso lucimiento de las repúblicas. Dale su lugar a cada uno quilatando las eminencias y apreciando su valor. Pone también en su juiciosa nota lo paradojo del un príncipe, lo extravagante del otro señor, lo afectado de éste, lo vulgar de aquél, y con esta moral anatomía puede hacer concepto de las cosas y ajustar el crédito a la verdad. Esta cognición superiormente culta sirve para mejor apreciar los dichos y los hechos, procurando siempre sacar la enseñanza; si no la admiración, por lo menos la noticia.

Sobre todo tiene una tan sazonada como curiosa copia de todos los buenos dichos y galantes hechos, así heroicos como donosos: las sentencias de los prudentes, las malicias de los críticos, los chistes de los áulicos, las sales de Alenquer, los picantes del Toledo, las donosidades del Zapata, y aun las galanterías del Gran Capitán, dulcísima munición toda para conquistar el gusto.

Mas subiendo de punto y tiempo, tiene con letras de aprecio las sentencias de Filipo II, los apotegmas de Carlos y las profundidades del Rey Católico. Si bien los más frescos, y corriendo donaire, son los que tienen más sal y los más apetitosos. Los flamantes hechos y modernos dichos, añadiendo a lo excelente la novedad, recambian el aplauso, porque sentencias rancias, hazañas carcomidas, es tan cansada como propia erudición de pedantes y gramáticos.

Más sirvió a veces esta ciencia usual, más honró este arte de conversar, que todas juntas las liberales. Es arte de ventura, que si la da el Cielo, poco de aquéllas basta, digo para lo provechoso, que no para lo adecuado. No excluye las demás graves ciencias, antes las supone por basa de su realce. Así como la cortesía asienta muy bien sobre el tener, así esta parte de discreción sobre alguna otra grande eminencia cae como esmalte. Lo que dice es que ella es la hermosura formal de todas, realce del mismo saber, ostentación del alma, y que tal vez aprovechó más saber escribir una carta, acertar a decir una razón, que todos los Bártulos y Baldos.

Varones hay eminentes en esta galante facultad; pero tan raros son como selectos, tesoreros de la curiosidad, emporios de la erudición cortesana, que, si no hubiera habido quien observara primero y conservara después los heroicos dichos del Macedón y su padre, de los Césares romanos y Alfonsos aragoneses, los sentenciosos de los Siete de la fama, hubiéramos carecido del mayor tesoro del entendimiento, verdadera riqueza de la vida superior.

Cuando encontrares con algún valiente genio de éstos, que entre millares será alguno, aunque lo busques con la antorcha del mediodía; logra la ocasión, disfruta las sazonadas delicias de la erudición, que si con hambre solicitamos los libros ingeniosos y discretos, con fruición se han de lograr los mismos oráculos de lo discreto, de lo juicioso, sazonado y entendido.

Siempre nos lleva a buscar a otro la concupiscencia propia, ya interesada, ya desvanecida, más aquí gustosa por lo agradable del saber, por lo apetitoso del notar. No seas tú de aquellos que bárbaramente se envidian a sí mismos el gusto del saber, por deslucir al otro el aplauso del enseñar.

Vuelven algunos de los emporios del mundo tan a lo bárbaro como se fueron, que quien no llevó la capacidad no la puede traer llena de noticias; llevaron poco caudal, y así hicieron corto empleo de observaciones; mas el discreto, como la gustosa abeja, viene libando el noticioso néctar que entresacó de lo más florido, que es lo más granado. No es la ambrosía para el gusto del necio, ni se hallan estas estimables noticias en gente vulgar, que en éstos nunca salen de su rincón ni el gusto ni el conocimiento; no dan ni un paso más adelante de lo que tienen presente.

Ponen otros su felicidad en su vientre, sólo toman de la vida el comer, que es lo más vil; de las potencias superiores no se valen ni las emplean; ocioso vive el discurso, desaprovechado muere el entendimiento. De aquí es que muchos de los señores no llevan ventaja a los demás sino en los objetos de los sentidos, que es lo ínfimo del vivir, quedando tan pobres de entendimiento como ricos de pobres bienes. No vive vida de hombre sino el que sabe. La mitad de la vida se pasa conversando. La noticiosa erudición es un delicioso banquete de los entendidos, y destínase este realce de la mayor discreción al mejor gusto del excelentísimo Marqués de Colares, don Jerónimo de Ataide, pues se ideó de su noticiosa erudición. Será algún día desempeño de mi veneración el docto lucimiento de su asunto, la inmortalidad de sus obras.

VI. No sea desigual

Crisis

No se acreditan los vicios por hallarse en grandes sujetos, antes bien ofende más la mancha en el brocado que en el sayal. Es la desigualdad achaque de grandes y aun de príncipes, en algunos por naturaleza, en los más por afectación.

Es de mar su condición y aun para marear, que hoy lisonjea lo que mañana abomina, y en dos inmediatos instantes no levanta en el uno hasta las estrellas sino para abatir en el otro hasta los abismos.

En tan anómalo proceder suelen perderse los bisoños, cuando ganarse los expertos; que hay grandes maestros del arte de marear en Palacio; a éstos les es materia de risa, como a escarmentados, lo que a aquéllos de confusión; anímanse unos con lo mismo que otros desmayan, porque saben que la misma mudanza que hoy atormenta con el desvío, mañana rogará con el favor. Está el remedio en el mismo origen del mal, que es la ordinaria desigualdad.

¡Oh el prudente! ¡Qué tranquilo costea las puntas y los esteros! ¡Qué señor mide los golfos! Ni se paga de sus finezas, ni se rinde a sus sequedades, porque no se le hace nueva cualquiera mudanza en sus extremos.

Ni se funda tan monstruosa desigualdad en la razón, que toda es acasos, y los menos acordados. No depende de causas ni de méritos, que el mudarse con las cosas aún sería excusable, y tal vez cordura. Lo que hoy es el blanco de su sí, mañana es el negro de su no, y ahora gusto lo que después desabrimiento, uno y otro sin por qué, para proseguir o perseguir de balde.

Es trivial achaque de soberanos lo antojadizo, que, como tienen tan exento el gusto, da en vaguear. En los mayores suele niñear más, y les parece que es ejercitar el señorío en ya querer, ya no querer.

El varón cuerdo siempre fue igual, que es crédito de entendido, ya que no en el poder, en el querer; de suerte que la necesidad violente las fuerzas, pero no los afectos, y aun entonces preceden a su mudanza todas las circunstancias en su abono, atestiguando que no es variedad, sino urgencia.

No sólo son estos altibajos con las personas, pero con las virtudes, para llevarlo todo parejo. Notable desigualdad la de Demetrio, bien censurada de muchos. Era cada día otro de sí mismo, y en la guerra muy diferente que en la paz, porque en aquélla era centro de todas las virtudes y en ésta de todos los vicios, de suerte que en la guerra hacía paces con las virtudes y volvía a hacerles guerra en la paz: tanto pueden mudar a un hombre el ocio o el trabajo.

Pero, ¿qué desigualdad más monstruosa que la de Nerón? No se venció a sí mismo, sino que se rindió. Algunos a sí mismos buenos, se compiten mejores, que es gran victoria de la perfección, pero otros no son vencedores de sí, sino vencidos, rindiéndose a la deterioridad.

Si la desigualdad fuera de lo malo a lo bueno, fuera buena, y si de lo bueno a lo mejor, mejor; pero comúnmente consiste en deteriorarse, que el mal siempre lo vemos de rostro y el bien de espaldas. Los males vienen y los bienes van.

Diranme que todo es desigualdades este mundo, y que sigue a lo natural lo moral. La misma tierra, que se empina en los montes, se humilla después en los valles, solicitando su mayor hermosura en su mayor variedad. ¿Qué cosa más desigual que el mismo tiempo, ya coronándose de flores, ya de escarchas? Y todo el universo es una universal variedad, que al cabo viene a ser armonía. Pues si el hombre es un otro mundo abreviado, ¿qué mucho que cifre en sí la variedad? No será fealdad, sino una perfecta proporción compuesta a desigualdades.

Pero no hay perfección en variedades del alma que no dicen con el Cielo. De la luna arriba no hay mudanza. En materia de cordura, todo altibajo es fealdad. Crecer en lo bueno es lucimiento, pero crecer y descrecer es estulticia, y toda vulgaridad, desigualdad.

Hay hombres tan desiguales en las materias, tan diferentes de sí mismos en las ocasiones, que desmienten su propio crédito y deslumbran nuestro concepto: en unos puntos discurren que vuelan; en otros, ni perciben ni se mueven. Hoy todo les sale bien, mañana todo mal, que aun el entendimiento y la ventura tienen desiguales. Donde no hay disculpa es en la voluntad, que es crimen del albedrío, y su variar no está lejos del desvariar. Lo que hoy ponen sobre su cabeza, mañana lo llevan entre pies, por no tener pies ni cabeza. Hacen con esto tan enfadosa su familiaridad, que huyen todos de ellos, remitiéndolos al vulgar averiguador que los entienda. Sóbrale al mar de amargura lo que le falta de firmeza, pereciendo los que se le fían sin estrella. Mudó sin duda la fama a Gandía su non plus ultra de toda heroicidad, de toda cristiandad, discreción, cultura, agrado, plausibilidad y grandeza en aquellos dos héroes consortes, el Excelentísimo Señor Duque don Francisco de Borja y la Excelentísima Duquesa doña Artemisa de Oria y Colona, gran señora mía. Participando ínclitamente entrambos de sus dos esclarecidos timbres, el eterno blasón de su firmeza en todo lo excelente, en todo lo lucido, en todo lo realzado, en todo lo plausible, en todo lo dichoso y en todo lo perfecto: siempre los mismos y siempre heroicos.

VII. El hombre de todas horas

Carta a don Vincencio Juan de Lastanosa

No siempre se ha de reír con Demócrito, ni siempre se ha de llorar con Heráclito, discretísimo Vincencio. Dividiendo los tiempos el Divino Sabio, repartió los empleos. Haya vez para lo serio y también para lo humano, hora propia y hora ajena. Toda acción pide su sazón; ni se han de barajar, ni se han de singularizar; débese el tiempo a todas las tareas, que tal vez se logra y tal vez se pasa.

El varón de todos ratos es señor de todos los gustos y es buscado de todos los discretos. Hizo la naturaleza al hombre un compendio de todo lo natural; haga lo mismo el arte de todo lo moral. Infeliz genio el que se declara por de una sola materia, aunque sea única, aun la más sublime; pues ¿qué, si fuera vulgar, vicio común de los empleos? No sabe platicar el soldado sino de sus campañas, y el mercader de sus logros; hurtándole todos el oído al unítono, la atención al impertinente, y si tal vez se vencen, es en conjuración de fisga.

Siempre fue hermosamente agradable la variedad, y aquí lisonjera. Hay algunos, y los más, que para una cosa sola los habéis de buscar, porque no valen para dos; hay otros que siempre se les ha de tocar un punto y hablar de una materia, no saben salir de allí; hombres de un verbo, Sísifos de la conversación, que apedrean con un tema. Tiembla de ellos con razón todo discreto, que, si se echa un necio de éstos sobre su paciencia, llegará a verter el juicio por los poros, y por temor de contingencia tan penosa, codicia antes la estéril soledad y vive al siglo de oro interiormente.

Aborrecible ítem el de algunos, enfadoso macear, que todo buen gusto lo execra, deprecando que Dios nos le libre de hombre de un negocio en el hablarlo y en el solicitarlo, desquítannos de ellos unos amigos universales, de genio y de ingenio, hombre para todas horas, siempre de sazón y de ocasión. Vale uno por muchos, que de los otros, mil no valen por uno, y es menester multiplicarlos, hora por amigo, con enfadosa dependencia.

Nace esta universalidad de voluntad y de entendimiento de un espíritu capaz, con ambiciones de infinito; un gran gusto para todo, que no es vulgar arte saber gozar de las cosas y un buen lograr todo lo bueno. Práctico gustar es el de jardines, mejor el de edificios, calificado el de pinturas, singular el de piedras preciosas; la observación de la antigüedad, la erudición y la plausible historia, mayor que todas la filosofía de los cuerdos; pero todas ellas son eminencias parciales, que una perfecta universalidad ha de adecuarlas todas.

No se ha de atar el Discreto a un empleo solo, ni determinar el gusto a un objeto, que es limitarlo con infelicidad; hízolo el Cielo indefinido, criolo sin términos; no se reduzca él ni se limite.

Grandes hombres los indefinibles, por su grande pluralidad de perfecciones, que repite a infinidad. Otros hay tan limitados, que luego se les sabe el gusto, o para prevenirlo o para lisonjearlo, que ni se extiende ni se difunde.

Una vez que quiso el Cielo dar un plato, sazonó el maná, cifra de todos los sabores, bocado para todos paladares, en cuya universalidad proporcionó la del buen gusto.

Siempre hablar atento causa enfado; siempre chancear, desprecio; siempre filosofar, entristece, y siempre satirizar, desazona.

Fue el Gran Capitán idea grande de discretos; portábase en el Palacio como si nunca hubiera cursado las campañas y en campaña como si nunca hubiera cortejado.

No así aquel otro, no gran soldado, sino gran necio, que, convidándole una gentil dama a danzar en su ocasión, digo en la de un sarao, excusó su ignorancia y descubrió su tontería, diciendo que él no se entendía de mover los pies en el palacio, sino de menear las manos en la campaña. Acudió ella, que lo era: «Pues señor, paréceme que sería bueno, en tiempo de paz, metido en una funda, colgaros como arnés para su tiempo», y aun le hizo cortesía de otro más vil y más merecido puesto.

No se estorban unas a otras las noticias, ni se contradicen los gustos; todas caben en un centro y para todo hay sazón. Algunos no tienen otra hora que la suya y siempre apuntan a su conveniencia. El cuerdo ha de tener hora para sí y muchas para los selectos amigos.

Para todo ha de haber tiempo, sino para lo indecente; ni será bastante excusa la que dio uno en una acción muy liviana, que el que era tenido por cuerdo de día no sería tenido por necio de noche.

De suerte, mi cultísimo Vincencio, que la vida de cada uno no es otro que una representación trágica y cómica, que si comienza el año por el Aries, también acaba en el Piscis, viniéndose a igualar las dichas con las desdichas, lo cómico con lo trágico. Ha de hacer uno solo todos los personajes a sus tiempos y ocasiones; ya el de risa, ya el de llanto, ya el del cuerdo, y tal vez el del necio, con que se viene a acabar con alivio y con aplauso la apariencia.

¡Oh discretísimo Proteo! Aquel nuestro gran apasionado, el Excelentísimo Conde de Lemos, en cuyo bien repartido gusto tienen vez todos los liberales empleos, y en cuya heroica universalidad logran ocasión todos los eruditos, cultos y discretos; el docto y el galante, el religioso y el caballero, el humanista, el historiador, el filósofo, hasta el sutilísimo teólogo. Héroe verdaderamente universal para todo tiempo, para todo gusto y para todo empleo.

VIII. El buen entendedor

Diálogo entre el doctor Juan Francisco Andrés y el autor

Doctor	Dicen que, al buen entendedor, pocas palabras.
Autor	Yo diría que, a pocas palabras, buen entendedor. Y no sólo a palabras, al semblante, que es la puerta del alma, sobrescrito del corazón; aun le ve apuntar al mismo callar, que tal vez exprime más para un entendido que una prolijidad para un necio.
Doctor	Las verdades que más nos importan vienen siempre a medio decir.
Autor	Así es; pero recíbanse del advertido a todo entendedor.
Doctor	Eso le valió a aquel nuestro Anfión aragonés, cuando, perseguido de los propios, halló amparo y aun aplauso en los coronados Delfines extraños.
Autor	Tan poderosa es una armonía, y más de tan suaves consonancias, como fueron las de aquel prodigioso ingenio.
Doctor	Califícase ya el decir verdades con nombre de necedades.
Autor	Y aun, por no parecer o niño o necio, ninguno la quiere decir, con que no se usa; solas quedan en el mundo algunas reliquias de ella, y aun ésas se descubren como misterio con ceremonia y recato.
Doctor	Con los príncipes siempre se les brujulea.
Autor	Pero discurran ellos, que va en ello el perderse o el ganarse.

Doctor Es la verdad una doncella tan vergonzosa cuanto hermosa, y por eso anda siempre tapada.

Autor Descúbranla los príncipes con galantería, que han de tener mucho de adivinos de verdades y de zahoríes de desengaños. Cuanto más entre dientes se les dicen, es dárselas mascadas, para que mejor se digieran y entren en provecho. Es ya político el desengaño, anda de ordinario entre dos luces, o para retirarse a las tinieblas de la lisonja, si topa con la necedad, o salir a la luz de la verdad, si topa con la cordura.

Doctor ¡Qué es de ver en una encendida competencia la detención de un recatado y la atención de un advertido! Aquél apunta, éste discurre, y más en desengaños.

Autor Sí, que se ha de ajustar la inteligencia a las materias; en las favorables, tirante siempre la credulidad; en las odiosas, dar la rienda y aun picarla. Lo que la lisonja se adelanta en el que dice, la sagacidad lo desande en el que oye, que siempre fue la mitad menos lo real de lo imaginado.

Doctor En materias odiosas, yo discurriría al contrario, pues en un ligero amago, en un levísimo ceño, se le descubre al entendido mucho campo que correr.

Autor Y que correrse tal vez; y entienda, que es mucho más lo que se lo calla en lo poco que se le dice. Va el cuerdo en los puntos vidriosos con gran tiento y, cuanto la materia es más liviana, da pasos de plomo en el apuntar, con lengua de pluma en el pasar.

Doctor Muy dificultoso es darse uno por entendido en puntos de censura y de desengaño, porque se cree mal aquello que no se desea. No es menester mucha elocuencia para persuadirnos lo que nos está bien, y toda la de Demóstenes no basta para lo que nos está mal.

Autor — Poco es ya el entender, menester es a veces adivinar, que hay hombres que sellan el corazón y se les podrecen las cosas en el pecho.

Doctor — Hacer entonces lo que el diestro físico, que toma el pulso en el mismo aliento; así, el atento metafísico, en el aire de la boca ha de penetrar el interior.

Autor — El saber nunca daña.

Doctor — Pero tal vez da pena, y así como previene la cordura el qué dirán, la sagacidad ha de observar el qué dijeron. Saltea insidiosa esfinge el camino de la vida, y el que no es entendido es perdido. Enigma es, y dificultoso, esto del conocerse un hombre; sólo un Edipo discurre, y aun ése, con soplos auxiliares.

Autor — No hay cosa más fácil que el conocimiento ajeno.

Doctor — Ni más dificultosa que el propio.

Autor — No hay simple que no sea malicioso.

Doctor — Y que, siendo sencillo para sus faltas, no sea doblado para las ajenas.

Autor — Las motas percibe en los ojos del vecino.

Doctor — Y las vigas no divisa en los propios.

Autor — El primer paso del saber es saberse.

Doctor — Ni puede ser entendido el que no es entendedor. Pero ese aforismo de conocerse a sí mismo presto es dicho y tarde es hecho.

Autor — Por encargarlo fue uno contado entre los siete sabios.

Doctor — Por cumplirlo, ninguno hasta hoy. Cuanto más saben algunos de los otros, de sí saben menos; y el necio más sabe de la casa ajena que de la suya, que ya hasta los refranes andan al revés. Discurren mucho algunos en lo que nada les importa, y nada en lo que mucho les convendría.

Autor — ¿Qué, hay ocupación peor aún que el ocio?

Doctor — Sí, la inútil curiosidad.

Autor — ¡Oh, cuidados de los hombres! ¡Y cuánto hay en las cosas sin sustancia!

Doctor — Hase de distinguir también entre lo detenido de un recatado y lo desatentado de un fácil; exageran unos, disminuyen otros; discierna, pues, el atento entendedor, que a tantos han condenado las credulidades como las incredulidades.

Autor — Por eso dijeron sabiamente los bárbaros escitas al joven Peleo que son los hombres ríos; lo que aquéllos corren se van deteniendo éstos, y comúnmente tienen más de fondo los que mayor sosiego, y llevan más agua los que menos ruido.

Doctor — Materias hay también en que la sospecha tiene fuerza de prueba: que la mujer de César, dijo él mismo, ni aun la fama, y, cuando en el interesado llega a ser duda, en los demás ya pasa y aun corre por evidencia.

Autor — Tienen más o menos fondo las palabras, según las materias.

Doctor — Por no calarlas se ahogaron muchos; sóndelas el entendido entendedor, y advierta que la gala del nadar es saber guardar la ropa.

Autor — Y más si es púrpura. Y con esto vamos a uno a su historia, digo, a la Zaragoza antigua, tan deseada de la curiosidad cuanto ilustrada de la erudición, y yo, a mi filosofía de El Varón Atento.

IX. No estar siempre de burlas

Sátira

Es muy seria la prudencia, y la gravedad concilia veneración; de dos extremos, más seguro es el genio majestuoso. El que siempre está de burlas nunca es hombre de veras, y hay algunos que siempre lo están; tiénenlo por ventaja de discreción y lo afectan, que no hay monstruosidad sin padrino; pero no hay mayor desaire que el continuo donaire. Su rato han de tener las burlas; todos los demás las veras. El mismo nombre de sales está avisando cómo se han de usar. Hase de hacer distinción de tiempos, y mucho más de personas. El burlarse con otro es tratarle de inferior, y a lo más de igual, pues se le aja el decoro y se le niega la veneración.

Estos tales nunca se sabe cuándo hablan de veras, y así los igualamos con los mentirosos, no dándoles crédito a los unos por recelo de mentira, y a los otros de burla. Nunca hablan en juicio, que es tanto como no tenerle, y más culpable, porque no usar de él por no querer, más es que por no poder, y así no se diferencian de los faltos sino en ser voluntarios, que es doblada monstruosidad. Obra en ellos la liviandad lo que en los otros el defecto; un mismo ejercicio tienen, que es entretener y hacer reír, unos de propósito, otros sin él.

Otro género hay aún más enfadoso por lo que tiene de perjudicial, y es de aquellos que en todo tiempo y con todos están de fisga. Aborrecibles monstruos, de quienes huyen todos más que del bruto de Esopo, que cortejaba a coces y lisonjeaba a bocados. Entre fisga y gracia van glosando la conversación, y lo que ellos tienen por punto de galantería es un verdadero desprecio de lo que los otros dicen, y no sólo no es graciosidad, sino una aborrecible frialdad. Lo que ellos presumen gracia es un prodigioso enfado de los que tercian. Poco a poco se van empeñando hasta ser murmuradores cara a cara. Por decir una gracia os dirán un convicio, y éstos son de quien Cicerón abominaba, que por decir un dicho pierden un amigo o lo entibian; ganan fama de decidores y pierden el crédito de prudentes; pásase el gusto del chiste, y queda la pena del arrepentimiento: lloran por lo que hicieron reír. Éstos no se ahorran ni con el más amigo ni con el más compuesto, y es notable que jamás se les ofrece la prontitud en favor sino en sátira; tienen siniestro el ingenio.

Éste, con otros defectos infelices, nacen de poca sustancia y acompañan la liviandad. En hombres de gran puesto se censuran más y, aunque los hace en algún modo gratos al vulgo, por la llaneza, pone a peligro el decoro con la facilidad, que, como ellos no la guardan a los otros, ocasionan el recíproco atrevimiento.

Es connatural en algunos el donoso genio. Dotoles de esta gracia la naturaleza, y, si con la cordura se templase, sería prenda y no defecto. Un grano de donosidad es plausible realce en el más autorizado, pero dejarse vencer de la inclinación en todo tiempo es venir a parar en hombre de dar gusto por oficio, sazonador de dichos y aparejador de la risa. Si en una cómica novela se condena por impropiedad el introducirse siempre chanceando a Davo, y que entre lo grave de la enseñanza o lo serio de la reprensión del padre al hijo mezcle él su gracejo, ¿qué será, sin ser Davo, en una grave conversación estar chanceando? Será hacer farsa con risa de sí mismo.

Hay algunos que, aunque le pese a Minerva, afectan la graciosidad, y como en ellos es postiza, ocasiona antes enfado que gusto, y si consiguen el hacer reír, más es fisga de su frialdad que agrado de su donaire. Siempre la afectación fue enfadosa, pero en el gracejo, intolerable, porque sumamente enfada y, queriendo hacer reír, queda ella por ridícula; y si comúnmente viven desacreditados los graciosos, cuánto más los afectados, pues con su frialdad doblan el desprecio.

Hay donosos y hay burlescos, que es mucha la diferencia. El varón discreto juega también esta pieza del donaire, no la afecta, y esto en su sazón; déjase caer como al descuido un grano de esta sal, que se estimó más que una perla, raras veces, haciendo la salva a la cordura y pidiendo al decoro la venia. Mucho vale una gracia en su ocasión. Suele ser el atajo del desempeño. Sazonó esta sal muchos desaires. Cosas hay que se han de tomar de burlas, y tal vez las que el otro toma más de veras. Único arbitrio de cordura, hacen juego del más encendido fuego.

Pesado es el extremo de los muy serios, y poco plausible Catón con su bando, pero venerado; rígida secta la de los compuestos y cuerdos; pocos la siguen, muchos la reverencian, y, aunque causa la gravedad pesadumbre, pero no desprecio.

Que es de ver uno de estos destemplados de agudeza, siniestros de ingenio, chancear aun en la misma muerte; que si los sabios mueren como cisnes, éstos como grajos, gracejando mal y porfiando. De esta suerte un Carvajal mostró cuán rematada había sido su vida.

Los hombres cuerdos y prudentes siempre hicieron muy poca merced a las gracias, y una sola bastaba para perder la real del Católico Prudente. Súfrense mejor unos a otros los necios, o porque no advierten o porque se asemejan. Mas el varón prudente no puede violentarse, si no es que tercie la dependencia.

X. Hombre de buena elección

Encomio

Todo el saber humano (si en opinión de Sócrates hay quien sepa) se reduce hoy al acierto de una sabia elección. Poco o nada se inventa, y en lo que más importa se ha de tener por sospechosa cualquier novedad.

Estamos ya a los fines de los siglos. Allá en la Edad de Oro se inventaba: añadiose después, ya todo es repetir. Vense adelantadas todas las cosas, de modo que ya no queda qué hacer, sino elegir. Vívese de elección, uno de los más importantes favores de la naturaleza, comunicado a pocos, porque la singularidad y la excelencia doblen el aprecio.

De aquí es que vemos cada día hombres de ingenio sutil, de juicio acre, estudiosos y noticiosos también, que, en llegando a la elección, se pierden. Escogen siempre lo peor, páganse de lo menos acertado, gustan de lo menos plausible, con nota de los juicios y desprecio de los demás. Todo les sale infelizmente, y no sólo no consiguen aplauso, pero ni aun agrado. Jamás hicieron cosa insigne, y todo ello por faltarles el grande don del saber elegir; de suerte que no bastan ni el estudio ni el ingenio donde falta la elección.

Es trascendental su importancia, porque no sea menos su extensión que su intención. Solicitan su voto todos los empleos, y los mayores con afectación; porque ella es el complemento de la perfección, origen del acierto, sello de la felicidad, y donde ella falta, aunque sobre el artificio, el trabajo y las cosas, todo se desluce y todo se malogra.

Ninguno conseguirá jamás el crédito de consumado en cualquier empleo sin el realce de un plausible gusto. Sólo el realce en elegir pudo hacer célebres a muchos reyes eminentes en sus elecciones, así de empresas como de ministros; que un yerro en las llaves de la razón de Estado basta a perderlo todo con descrédito, y un acierto a ganarlo todo con inmortal reputación. Erraron unos en el delecto de los asuntos, y otros en el de los instrumentos, destruyendo todos con tan fatales yerros el preciosísimo oro de sus coronas.

Hay algunos empleos que su principal ejercicio consiste en el elegir, y en éstos es mayor la dependencia de su dirección. Como son todos aquellos que tienen por asunto el enseñar agradando. Prefiera, pues, el Orador los argumentos más plausibles y más graves; atienda el Historiador a la dulzura y al provecho; case el Filósofo lo especioso con lo sentencioso, y atiendan todos al gusto ajeno universal, que es la norma del elegir, y tal vez se ha de preferir al crítico y singular, o propio o extraño. Porque, en un convite, más querría dar gusto a los convidados que a los sazonadores, dijo el más sabroso de nuestra patria y de elección. ¿Qué importa que sean muy al gusto del orador las cosas si no lo son al del auditorio?, ¿para quién se sazonan? Preferirá aquél una sutileza y aplaudirá éste a una semejanza, o al contrario.

En las vulgares artes tiene también lugar; a proporción, vimos ya dos eminentes artífices que se compitieron la fama; el uno por lo delicado y primoroso, tanto, que parecía cada una de sus obras de por sí el último esfuerzo del artificio, y todas juntas no satisfacían. Al contrario, el otro jamás pudo acabar cosa con última delicadeza ni llevarla a la total perfección; con todo eso tuvo éste el realce de la elección tan en su punto, que se alzó con el aplauso universal.

Nace, en primer lugar, del gusto propio, si es bueno, calificado con la prueba, con que se asegura el ajeno, que es ventaja poder hacer norma de él y no depender de los extraños. Con esto se puede uno confiar que lo que le agrada a él en los otros, también les agradará a ellos en él. Efecto es de su sazón el buen delecto, todo sale bien de ella, que es la mayor felicidad, y si algo se acertó en falta suya, fue más contingencia que seguridad.

Al contrario, un mal gusto todo lo desazona, y las mismas cosas excelentes por su perfección las malogra por su mala disposición; y haylos tan exóticos, que siempre escogen lo peor, que parece que hacen estudio en el errar; el peor discurso guardan para la mejor ocasión, y en la mayor expectación salen con la mayor impertinencia, casándose siempre con su necedad.

Extremada elección la de la abeja, y qué mal gusto el de una mosca, pues en un mismo jardín solicita aquélla la fragancia y ésta la hediondez.

Lo peor es que estos tales enfermos de gusto, o por ignorancia, o por capricho, lisiados de juicio, añadiendo el segundo al primer desacierto, que es más célebre, querrían pegar su mal a todos los demás; pretenden que su paradojo voto sea norma de los otros, y aun se admiran de que su desabrimiento no les sea sainete, y apetito su frialdad, desacertadores en todo.

Hállanse otros que tienen destemplado el gusto en unas cosas, y en otras muy en su punto, pero lo ordinario es que el que tiene depravada la raíz lleve desazonado todo el fruto.

Supone, demás de lo extremado del gusto, una adecuada comprensión de todas las circunstancias que se requieren para el acierto individual. Su primera atención es a la ocasión, que es la primera regla del acertar. No se paga en las cosas de la eminencia a solas, sino de la conveniencia también; que tal vez lo más excelente fue lo menos a propósito para la sazón, si bien cuando concurren en los medios lo realzado del ser y lo sazonado de la conveniencia concluyen felicidad. Regúlase con el tiempo, atiende al puesto, hace distinción de personas, y ajústase adecuadamente a la ocasión, con que viene a ser perfectísimo el delecto.

Es la pasión enemiga declarada de la cordura, y, por el consiguiente, de la elección; nunca atiende a la conveniencia, sino a su afecto; y estima más salir con su antojo que con el acierto. Todos sus favorecidos son buenos, no más de porque lo desea, no porque en la realidad lo son, y afecta el engañarse voluntariamente, y así, todo mal intencionado sale peor ejecutado.

Los asuntos de la elección son muchos y sublimes. Elígense, en primer lugar, los empleos y los estados, delecto de toda una vida, donde se acierta o se yerra para siempre, que es un echarse a cuestas una irremediable infelicidad. El mal es que las resoluciones más importantes se toman en la primera edad, destituida de ciencia y experiencia, cuando aún no fueran bastantes la mayor prudencia y la más sazonada madurez.

Ni es el menor empeño el escoger los amigos, que han de ser de elección y no de acaso; acción muy de la prudencia, y en los más de la contingencia. Elígense también los familiares, que son ayudantes del vivir, y las más veces enemigos no excusados.

Mas si en los hijos tuviera lugar el delecto, fuera la primera de las dichas. Ello hay tales caprichos en el mundo, que eligieran los peores, y así, favor fue de la naturaleza el prevenirlos, pues aun los que le dio el Cielo, buenos, ellos, o con su ejemplo o con su descuido, vienen a hacerlos malos. Que son muchos los que malogran favores de la naturaleza y de la fortuna.

No hay perfección donde no hay elección. Dos ventajas incluye: el poder elegir y elegir bien. Donde no hay delecto, es un tomar a ciegas lo que el acaso o la necesidad ofrecen. Pero al que le faltare el acierto, búsquelo en el consejo o en el ejemplo, que se ha de saber o se ha de oír a los que saben para acertar.

XI. No ser malilla

Sátira

Achaque es de todo lo muy bueno que su mucho uso viene a ser abuso. Codiciando todos por lo excelente, con que se viene a hacer común, y, perdiendo aquella primera estimación de raro, consigue el desprecio de vulgar, y es lástima que su misma excelencia le cause su ruina. Truécase aquel aplauso de todos en un enfado de todos.

Ésta es la ordinaria carcoma de las cosas muy plausibles en todo género de eminencia, que, naciendo de su mismo crédito y cebándose en su misma ostentación, viene a derribar y aun a abatir la más empinada grandeza; basta a hacer una demasía de lucir de los mismos prodigios vulgaridades.

Gran defecto es ser un hombre para nada, pero también lo es ser para todo, o queriendo ser. Hay sujetos que sus muchas prendas los hacen ser buscados de todos. No hay negocio, aunque sea repugnante a su instituto y genio, que no se remita o a su dirección o a su manejo; todos se pronostican la felicidad de cuanto ponen éstos mano, y, aunque no sean entrometidos de sí, su misma excelencia los descubre, y la conveniencia ajena los busca y los placea, de suerte que en ellos su mucha opinión obra lo que en otros su mucho entretenimiento. Pero esto es ya azar, si no defecto, y una como sobra de valor, pues vienen a rozarse y aun perder por mucho ganar. ¡Oh, gran cordura la de un buen medio! Pero ¿quién supo o pudo contenerse y caminar con esta seguridad?

Pensión es de las pinturas muy excelentes, de las tapicerías más preciosas, que en todas las fiestas hayan de salir, y como todo lo andan reciben muchos encuentros, con que presto vienen a ser inútiles, o comunes, que es peor. Hay algunos, ni pocos ni cuerdos, sobresalidos, amigos de que todos los llamen y busquen; dejarán el dormir y aun el comer, por no parar; no hay presente para ellos como un negocio, ni mejor día que el más ocupado; y las más veces no aguardan a que los llamen, que ellos se injieren en todo, y, añadiendo al entretenimiento la audacia, que es forrar la necedad, se exponen a grandes empeños; pero bien o mal, consiguen que todos hablen de sus cabellos, que es lo mismo que quitarlos a la lengua para la murmuración y desprecio.

Aunque no hubiese otro desaire que aquel continuo topar con ellos, oír siempre hablar de ellos causa un tal enfadoso hartazgo, que vienen a ser después tan aborrecidos como fueron antes deseados.

No todo sale de sus manos con igual felicidad, y tal vez la que comenzó a ser una hazañosa vasija, deslizándose la rueda (ya sea la de la suerte), viene a rematar en un vilísimo vaso de su ignominia y descrédito. Métense a querer dar gusto a todos, que es imposible, y vienen a disgustar a todos, que es más fácil. No escapan los que mucho lucen de envidiados o de odiados, que a más lucimiento, más emulación. Tropiezan todos en el ladrillo que sobresale a los demás, de modo que no es aquélla eminencia, sino tropiezo; así en muchos el querer campear no viene a ser realce, sino tope. Es delicado el decoro, y aun de vidrio, por lo quebradizo, y si muy placeado se expone a más encuentros, mejor se conserva en su retiro, aunque sea en el heno de su humildad.

Quieren algunos ser siempre los gallos de la publicidad, y cantan tanto, que enfadan; bastaría una voz o un par, para consejo o desvelo; que lo demás es cantar mal y porfiar.

El manjar más delicioso, a la segunda vez pierde mucho de aquel primer agrado; a tres veces ya enfada; mejor fuera conservarse en las primicias del gusto, solicitando el deseo. Y si esto pasa en lo material, ¡cuánto más en el verdadero pasto del alma, delicias del entendimiento o del gusto! Y es éste delicado y mal contentadizo cuanto mayor. Más vale una excelente caridad, que siempre fue lo dificultoso estimado.

Al paso que un varón excelente, ya en valor, ya en saber, o sea en entereza, o sea en prudencia, se retira, se hace codiciable, porque él a detenerse, y todos a desearle con mayor crédito y aun felicidad. Toda templanza es saludable, y más de apariencia, que conserva la vida a la reputación.

Rózanse de estas malillas en todo género de eminencias. Haylas también de la belleza, cuyo ostentarse, además del riesgo, tiene luego el castigo de la desestimación, y más adelante el desprecio.

¡Qué bien conoció este vulgar riesgo, y qué bien supo prevenirlo la celebrada Popea de Nerón! La que mejor supo lograr la mayor belleza, siempre la brujuleaba, que nunca hartó, ni los ojos de ella, avara con todos, envidiándola a sí misma. Franqueaba un día los ojos y la frente, y en otro la boca y las mejillas, sin echar jamás todo el resto de su hermosura, y ganó con esto la mayor estimación.

Gran lección es ésta del saberse hacer estimar, de saber vender una eminencia, afectando el encubrirla, para conservarla y aun aumentarla con el deseo, que en los Avisos al Varón Atento se discurrirá con enseñanza. Célebre confirmación la de las esmeraldas del indiano, y que declara esta sutileza con buen gusto. Traía gran cantidad de ellas en calidad igual. Expuso la primera al aprecio de un perito lapidario, que la pagó en admiración. Sacó la segunda, aventajada en todo, guardando el orden de agradar, pero bajole éste por mitad la estimación, y con esta proporción fue prosiguiendo con la tercera y con la cuarta; al paso que ellas iban excediéndose en quilates, iba cediendo el aprecio. Admirado el dueño de semejante desproporción, oyó la causa con enseñanza nuestra: que la misma abundancia de preciosidad se hacía daño a sí misma, y, al paso que se perdía la raridad, se disminuía la estimación.

¡Oh, pues, el varón discreto! Si quiere ganar la inmortal reputación, juegue antes del Basto que de la Malilla. Sea un extremo en la perfección; pero guarde un medio en el lucimiento.

XII. Hombre de buen dejo

Carta al doctor don Juan Orencio de Lastanosa, canónigo de la Santa Iglesia de Huesca, singular amigo del autor

Si yo creyera a lo vulgar que había Fortuna, también creyera, amigo canónigo y señor, que su casa era la casa con dos puertas, muy diferentes la una de la otra, y encontradas en todo; porque la una está fabricada de piedras blancas, dignas de la más dichosa urna en el mejor día, y la otra, su contraria, de piedras negras, que en su deslucimiento agüeran su infelicidad; majestuosamente alegre aquélla, y ésta lúgubremente humilde. Allí asisten el Contento, el Descanso, la Honra, la Hartura y las Riquezas, con todo género de Felicidad. Aquí la Tristeza, el Trabajo, la Hambre, el Desprecio y la Pobreza, con todo el linaje de la Desdicha. Por el tanto, la una se llama del Placer y la otra del Pesar. Todos los mortales frecuentan esta casa, y entran por una de estas dos puertas, pero es ley inviolable, y que con sumo rigor se observa, que el que entra por la una haya de salir por la otra, de modo que ninguno puede salir por la que entró, sino por la contraria: el que entró por el Placer sale siempre por el Pesar, y el que entró por el Pesar sale siempre por el Placer.

Desaire común es de afortunados tener muy felices las entradas y muy trágicas las salidas. El mismo aplauso de los principios hace más ruidoso el murmullo de los fines. No está el punto en el vulgar consentimiento de una entrada, que ésas todas las tienen plausibles, pero sí en el sentimiento general de una salida, que son raros los deseados.

¡Oh, cuántos soles hemos visto entrambos nacer con risa del aurora y también nuestra, y sepultarse después con llanto del ocaso! Saludáronlos al amanecer las lisonjeras aves con sus cantos, al fin quiebros, y despidiéronlos, al ponerse, nocturnos pájaros con sus aúllos.

Todas las fachadas de los cargos son ostentosas, mas las espaldas humildes. Corónanse de vítores las entradas de las dignidades, y de maldiciones las salidas. ¡Qué aplaudido comienza un mando, ya por el vulgar gusto del mudar, ya por la concebida esperanza de los favores particulares y de los aciertos comunes! Pero ¡qué callado final! Que aun el silencio le sería favorable aclamación.

¡Qué adorado, o de la esperanza o del temor, entra un valimiento, si él mismo no se desmintiera a la mitad de la dicción dividida! Que, aunque se varíe en privanza, no puede escapar al principio o al fin de una pronosticada infelicidad. Todos los fines son desvíos, y todos los cargos paran en cargos, si no de la justicia, de la vengada murmuración. Transfórmase el contento del comenzar en muchos descontentos al acabar. Aunque no haya otro azar más que el ponerse, que aun en un sol es caer, ocasiona desvíos; oscurécese el esplendor y resfríase el afecto. Pocas veces acompaña la felicidad a los que salen, ni dura la aclamación hasta los fines; lo que se muestra de cumplida con los que vienen, de descortés con los que van.

Hasta las amistades se traban con el gusto y se pierden con la quiebra. Súbese volando al favor y bájase de él rodando; y comúnmente en todos los empleos y aun estados, se suele entrar por la puerta del Contento y de la Dicha, y se sale por la del Disgusto y de la Desdicha.

Gala viste de extremos la Fortuna, y hace gala de igualar; los pechos cubre de blanco, y de negro las espaldas, que el no esperarlas es dar en el blanco. ¡Oh, gran extremo de la prudencia la atención a los extremos, al acabar bien, poniendo más la mira en la felicidad de la salida que en el aplauso de la entrada! Que no gobierna el despierto Palinuro su bajel por la proa, sino por la popa; allí asiste al gobernalle en el viaje de la vida.

Tienen algunos muy felices los principios en todo, y aun plausibles; entran en un cargo con aceptación, llegan a un puesto con aplauso; comienzan una amistad con favor; todo comenzar es con felicidad. Pero suelen tener estos tales comúnmente muy trágicos los fines, y los dejos muy amargos; quédase para la postre toda la infelicidad, como en vaso de purga la amargura.

Gran regla de comenzar y de acabar dio el romano cuando dijo que todas las dignidades y los cargos los había conseguido antes de desearlos, y todos los había dejado antes que otros los deseasen. Más es esto que lo primero, aunque todo mucho; aquello fue favor de la suerte, esto otro fue asunto de una singular prudencia. Es tal vez castigo de la intemperancia la desdicha, y gran gloria la del anticiparse. Consuelo es de sabios haber dejado las cosas antes que ellas los dejasen, y consejo el prevenirlas.

Puédese regular también la dicha acompañándola con el buen modo hasta el buen dejo, y conservándola en la gracia de las gentes con tal arte, que la común aclamación del entrar se convierta en universal sentimiento del salir. Nunca se ha de acabar con rompimiento, ya sea amistad, ya sea favor, empleo o cargo; que toda quiebra ofende la reputación, demás de la pena que causa. Pocos de los afortunados se escaparon de los finales reveses de la fortuna, que suele tener malos dejos la gran dicha. Sí aquellos que, con tiempo, los retiró, o la misma suerte o la cordura. A otros, a los héroes, previno el mismo Cielo de remedio, realzando misterioso su fin, como en Moisés desaparecido y en Elías arrebatado, haciendo triunfo del fenecer. Aun allá en la fabulosa gentilidad un Rómulo dudosamente acabó, transformándose la malicia de los senadores en misterio, que le ocasionó mayor veneración.

Otros, aunque eminentes y aun héroes, borraron, como el dragón, con la infelicidad de sus fines la gloria de sus hazañas. Hiló Hércules, hecho parca de su propia inmortalidad, y puso, no colofón, sino colón a sus proezas, que así se usa. Materia fue de sentimiento a los valerosos y de desengaño a los sabios. Sola la virtud es la Fénix, que, cuando parece que acaba, entonces renace, y eterniza en veneración lo que comenzó por aplauso.

XIII. Hombre de ostentación

Apólogo

Prodigiosos son los ojos de la envidia; mucho tienen del sentir, no querrían ver tanto como ven; con ser los más perspicaces, nunca se vieron serenos, y si bien de ellos no pudo decir que tuvieron siempre buena vista, nunca más propiamente que cuando por los ojos de todas las aves miraron aquel portento alado de la belleza: el Pavón de Juno. Mirábanle, sol de pluma, amanecer con tantos rayos cuantos descoge plumajes en su bizarra rueda.

Del mirar se pasa al admirar, donde no hay pasión, que, si la hay, luego degenera y, cuando no puede llegar a emulación, se convierte en la poquedad de la envidia. Cegáronse, pues, con tanto ver. Comenzó la Corneja a malear, como más vil, después que quedó pelada con afrenta; íbase de unas a otras, solicitándolas a todas, ya las Águilas en sus riscos, los Cisnes en sus estanques, los Gavilanes en sus alcándaras, los Gallos en sus muladares, sin olvidarse de los Búhos y Lechuzas en sus lóbregos desvanes.

Comenzaba con una bien solapada alabanza y acababa en una declarada murmuración. «Hermoso es y galán, decía, el Pavón, no puede negarse, pero todo lo pierde cuando lo afecta, que el mayor merecimiento, el día que se conoce a sí mismo, no digo aun darse a conocer, cae de su nobleza y baja a liviandad; la alabanza en boca propia es el más cierto vituperio; siempre los que merecen más hablan de sí menos. Hermosa era Fábula, donairosa y entendida, y sobre todo, muchacha, mas todo lo dejó de ser, cantó el cisne de Bílbilis, cuando trató de engreírse. Para mí tengo que si el Águila ostentase sus reales plumas, que se llevaría los aplausos por lo majestuoso y por lo grave. Eh, que la misma Fénix, único pasmo del orbe, aborrece esta vulgarísima ostentación, y vive más estimada en aquel su tan cuerdo como acreditado retiro».

De esta suerte no paraba de sembrar envidia, y más en pequeños corazones, que de todo se llenan fácilmente. Es la envidia pegajosa, siempre halla de qué asir, hasta de lo imaginado. Fiera cruelísima, que con el bien ajeno hace tanto mal a su dueño propio. Comenzó a cebarse en las entrañas, o para mayor tormento o para desterrar de ellas toda humanidad. Conjuráronse todas para oscurecerle, ya que no destruirle su belleza. Procedieron con astucia, sutilizaron su malicia en no declararse contra su hermosura, sino contra su ufanía. «Porque si esto conseguimos, dijo la Picaza, que él no pueda hacer aquel odiosísimo alarde de sus plumas, le eclipsamos de todo punto su belleza».

Lo que no se ve es como si no fuese, y, como dijo aquel avechucho satírico: «Nada es tu saber, si los demás ignoran que tú sabes». Y dense por entendidas todas las demás prendas, aunque habló de la reina de todas. Las cosas comúnmente no pasan por lo que son, sino por lo que parecen. Son muchos más los necios que los entendidos, páganse aquéllos de la apariencia, y, aunque atienden éstos a la sustancia, prevalece el engaño y estímanse las cosas por de fuera.

Fueron a hacerle el cargo de parte de toda la república ligera, el Cuervo, la Corneja y la Picaza, con otras de este porte; que las demás todas se excusaron, el Águila por lo grave, la Fénix por lo retirado, la Paloma por lo sencillo, el Faisán por lo peligroso y el Cisne por lo callado, que piensa siempre, para cantar dulcemente una vez.

Volaron en su busca al majestuoso palacio de la Riqueza. Encontraron luego con un Papagayo, que estaba en su balcón y en una jaula, propia esfera de la locuacidad. Díjoles con facilidad grande cuanto supo, que fue cuanto quisieron. Enviáronle un recado con un jimio; holgose mucho el Pavón de su llegada, que logra las ocasiones de ostentarse. Recibiolas en un espacioso patio, teatro augusto de su ostentosa bizarría y paseado palenque de su competencia, galante con el mismo sol, plumas a rayos y rueda a rueda.

Pero saliole mal la ostentativa, cuanto más airosa, que aun lo muy excelente depende de circunstancias y no siempre tiene vez. Achaques de arpía son los de la envidia, que todo lo inficiona, y a fuer de basilisco, su mirar es matar; y aunque suele hechizar la hermosura, aquí las irritó más, y, trocando los aplausos en agravios, vulgarmente enfurecidas, le dijeron: «¡Qué bien que viene esto, oh, loco y desvanecido pájaro, con la embajada que le traemos de parte de todo el alígero senado! ¡En verdad que cuando la oigas, que amaines la plumajería y que reformes la soberbia!

»Sabe que están muy ofendidas todas las aves de esta tu insufrible hinchazón, que así llaman a esa gran balumba de plumas, y con mucho fundamento, porque es una odiosísima singularidad querer tú solo, entre todas las aves, desplegar esa vanísima rueda, cosa que ninguna otra presume, pudiendo tantas tan bien, si no mejor que tú, pues ni la Garza tremola sus airones, ni el Avestruz placea sus plumajes, ni la misma Fénix vulgariza sus zafiros y esmeraldas, que no las llamo ya plumas. Mándante, pues, e inapelablemente ordenan, que de hoy más no te singularices, y esto es mirar por tu mismo decoro, pues si tuvieras más cabeza y menos rueda, repararas en que, cuando más quieres placear la hermosura de tus plumas, entonces descubres la mayor de tus fealdades, que tales son tus extremos.

»Siempre fue vulgar la ostentación, nace del desvanecimiento. Solicita la aversión, y con los cuerdos está muy desacreditada. El grave retiro, el prudente encogimiento, el discreto recato, viven a lo seguro, contentándose con satisfacerse a sí mismos; no se pagan de engañosas apariencias, ni las venden. Bástase a sí misma la realidad, no necesita de extrínsecos engañados aplausos; y, en una palabra, tú eres el símbolo de las riquezas, no es cordura, sino peligro, el publicarlas».

Quedó suspenso el bellísimo pájaro de Juno y, cuando recordó de la turbación o de la profundidad, exclamó así: «¡Oh, alabanza, que siempre vienes de los extraños! ¡Oh, desprecio, que siempre llegas de los propios! ¿Es posible que cuando me llevo los ojos de todos tras mi belleza, que eso denotan estos materiales de mis plumas, así ande yo en lenguas de Picazas y Cornejas? ¿Que condenáis en mí la ostentación, y no la hermosura? El cielo, que me concedió ésta, me aventajó con aquélla; que cualquiera a solas fuera en balde. ¿De qué sirviera la realidad sin la apariencia? La mayor sabiduría, hoy encargan políticos que consiste en hacer parecer. Saber y saberlo mostrar es saber dos veces. De la ostentación diría yo lo que otros de la ventura: que vale más una onza de ella que arrobas de caudal sin ella. ¿Qué aprovecha ser una cosa relevante en sí, si no lo parece?

»Si el sol no amaneciera haciendo lucidísimo alarde de sus rayos; si la rosa, entre las flores, se estuviera siempre encarcelada en su capullo y no desplegara aquella fragante rueda de rosicleres; si el diamante, ayudado del arte, no cambiara sus fondos, visos y reflejos, ¿de qué sirvieran tanta luz, tanto valor y belleza si la ostentación no los realzara? Yo soy el sol alado, yo soy la rosa de pluma, yo soy el joyel de la naturaleza, y pues me dio el Cielo la perfección, he de tener también la ostentación.

»El mismo Hacedor de todo lo criado, lo primero a que atendió fue al alarde de todas las cosas, pues crió luego la luz, y con ella el lucimiento, y, si bien se nota, ella fue la que mereció el primer aplauso, y ése divino; que, pues la luz ostenta todo lo demás, el mismo Criador quiso ostentarla a ella. De esta suerte, tan presto era el lucir en las cosas, como el ser: tan válida está con el primero y sumo gusto la ostentación».

Y diciendo y haciendo, volvió a desplegar aquélla su gran rodela de cambiantes, tan defensiva de su gala cuan ofensiva a la envidia. Aquí ésta acabó de perder la cordura, y en conjuración de malevolencia arremetieron todas, el Cuervo a los ojos y las demás a las plumas. Viose en grande aprieto el pájaro bellísimo, y en sumo riesgo su bizarría; y aun dicen que del susto le quedó aquella voz, que juntamente le denomina y significa pavoroso. No tuvo otra defensa que la ordinaria de la hermosura, de hablar algo; dio voces y muy agrias, invocando el favor del cielo y suelo. Voceaban también los contrarios por ahogarle hasta la voz, a cuyo grande estruendo acudieron por los aires muchas aves y por tierra muchos brutos, aquéllas volando, éstos corriendo. Convocáronse las Sabandijas todas de palacio, un León, un Tigre, un Oso y dos Jimios a la famular defensa, y, a los graznidos de los Cuervos y los Grajos, vinieron del campo el Lobo y la Vulpeja, creyendo eran clamores para dar sepultura a algún cadáver. Avisaron al Águila también, que llegó muy asistida de sus guardas de rapiña. Interpuso el León su autoridad, que bastó a moderarlas, y mostró gusto de enterarse de la contienda, encargando a entrambas partes, a la una la modestia y a la otra el silencio. A pocas razones conoció la sinrazón de la envidia y lo falso de su celo, y propuso, por conveniencia, se remitiese la causa a juicio de un tercero, y ése fuese la Vulpeja por sabia y por desapasionada. Conviniéronse las partes y sujetáronse al astuto arbitrio.

Aquí la Vulpeja se valió de todo su artificio para cumplir con todos juntamente, lisonjear al León y no descontentar al Águila, hacer justicia y no perder amistades, y así muy a lo sagaz, dijo de esta suerte:

«Política contienda es que importe más la realidad o la apariencia. Cosas hay muy grandes en sí y que no lo parecen, y, al contrario, otras que son poco y parecen mucho; ordinaria monstruosidad. Tanto puede la ostentación o la falta de ella; mucho suple, mucho llena, y si en las cosas materiales califica, como es en el adorno, en el menaje y séquito, ¿qué será en las verdaderas prendas del ánimo, que son gala del entendimiento y belleza de voluntad? Especialmente cuando le llega su vez a una prenda y la sazón lo pide, allí cae bien el ostentar. Lógrese la ocasión, que aquél es el día de su triunfo.

»Hay sujetos bizarros en quienes lo poco luce mucho, y lo mucho hasta admirar hombres de ostentativa, que, cuando se junta con la eminencia, forman un prodigio; al contrario, hombres vimos eminentes que, por faltarles este realce, no parecieron la mitad. Poco ha que aterraba todo el mundo un gran personaje en las campañas, y metido en una consulta de guerra, temblaba de todos, y el que era para hacer no lo era para decir. Hállanse también naciones ostentosas por naturaleza, y la española con superioridad. De suerte que la ostentación da el verdadero lucimiento a las heroicas prendas y como un segundo ser a todo.

»Mas esto se entiende cuando la realidad la afianza, que sin méritos no es más que un engaño vulgar; no sirve sino de placear defectos, consiguiendo un aborrecible desprecio, en vez del aplauso. Danse gran prisa algunos por salir y mostrarse en el universal teatro, y lo que hacen es placear su ignorancia, que la desmentía el retiro; no es ésta ostentación de prendas, sino un necio pregón de sus defectos; pretenden, en vez del timbre de su esplendor, una nota que infame sus desaciertos.

»Ningún realce pide ser menos afectado que la ostentación, y perece siempre de este achaque, porque está muy al canto de la variedad, y ésta del desprecio. Ha de ser muy templada y muy de la ocasión, que es aun más necesaria la templanza del ánimo que la del cuerpo; va en ésta la vida material, y la moral en aquélla; que aun a los yerros los dora la templanza.

»A veces consiste más la ostentación en una elocuencia muda, en un mostrar las eminencias al descuido; y tal vez un prudente disimulo es plausible alarde del valor, que aquel esconder los méritos es un verdadero pregonarlos, porque aquella misma privación pica más en lo vivo a la curiosidad.

»Válese, pues, de esta arte con felicidad y se realza más con el artificio, gran treta suya no descubrirse toda de una vez, sino ir por brújula, pintando su perfección y siempre adelantándola, que un realce sea llamada de otro mayor, y el aplauso de una prenda, nueva expectación de la otra, y lo mismo las hazañas, manteniendo siempre el aplauso y cebando la admiración.

»Mas, viniendo ya a nuestro punto, digo, y lo siento así, que sería una imposible violencia concederle al Pavón la hermosura y negarle el alarde. Ni la naturaleza sabia vendrá en ello, que sería condenar su providencia, y contra su fuerza no hay preceptos, donde no tercie la política razón, y aun entonces, lo que la horca destierra con su miedo, la Naturaleza lo revoca de potencia.

»Más práctico será el remedio, tan fácil como eficaz, y sea éste: que se le mande seriamente al Pavón, y criminalmente se le ordene, que todas las veces que despliegue al viento la variedad de su bizarría haya de recoger la vista a la fealdad de sus pies, de modo que el levantar plumajes y el bajar los ojos todo sea uno, que yo aseguro que esto sólo baste a reformar su ostentación».

Aplaudieron todas el arbitrio, obedeció él y deshízose la junta, despachando una de las aves a suplicar al donosamente sabio Esopo se dignase de añadir a los antiguos este moderno y ejemplar suceso.

XIV. No rendirse al humor

Invectiva

Rey es de los montes el celebrado Olimpo, no porque se descuella sobre los más erguidos, obligación de la superioridad; no porque se ostenta a todas partes, objeto de imitación, la grandeza; no porque es el primero que esplendorizan los solares rayos, centro del lucimiento, la majestad; no porque se corona de estrellas, ápice de la felicidad, la primacía; no porque llega a dar o a tomar nombre al mismo cielo, asunto de la fama, el mando. Sí, empero, porque nunca se sujeta a vulgares peregrinas impresiones; que es el mayor señorío el de sí mismo. Cuando mucho, llegan a besarle el pie los vientos, a ser su alfombra las nubes, y no pasan de ahí; con esto nunca se inmuta, que es una inapasionable eminencia.

Una gran capacidad no se rinde a la vulgar alternación de los humores, ni aun de los afectos; siempre se mantiene superior a tan material destemplanza. Es efecto grande de la prudencia de reflexión sobre sí, un reconocer su actual disposición, que es un proceder como señor de su ánimo; indignamente tiraniza a muchos el humor que reina, ordinaria vulgaridad, y llevados de él dicen y hacen desaciertos. Apoyan hoy lo que ayer contradecían, arriman a veces la razón y aun la atropellan, quedando perennales en juicio, que es la más calificada necedad.

A estos tales no hay que tomarles en razón la que no tienen, porque de hoy a mañana contradictoriamente se empeñan, y, siendo contrarios primero de sí mismos, contradicen después a cuantos hay; mejor es, conociendo su desalumbramiento, dejarlos en su confusión, que cuanto más empeñan, más se desempeñan.

Todo lo contradicen con Saturno, y todo lo otorgan con Júpiter, sin salir de su casa de la luna. No sólo gasta la voluntad esta civilidad, sino que se atreve al juicio; todo lo altera el querer y el entender, así como toda pasión, si no se previene.

Importará mucho conocer esta destemplanza de humor para vencerla, y aun entonces convendrá declinar al otro extremo, si ha de dejar alguna vez la acertada medianía para ajustar el fiel de la prudencia.

Gran superioridad de caudal arguye prevenir su humor y corregirlo, que es indisposición del ánimo, y hase de portar el sabio en ella, como en las del cuerpo, que no condena por amargo el almíbar; por más que el gusto enfermo lo acuse, corrígelo el juicio; así, pues, se ha de proceder en las alteraciones superiores.

Hay algunos tan extremados impertinentes, que siempre están de algún humor, siempre cojean de pasión, intolerables a los que los tratan, padrastros de la conversación y enemigos de la afabilidad, que malogran todo rato de buen gusto. Son, de ordinario, grandes contradecidores de todo lo bueno y padrinos de toda la necedad; a cada razón tienen su contra, oponiéndose luego a lo que el otro dice, no más de porque se adelantó; que si no les hubiera ganado de mano, triunfaran ellos con lo mismo, y si el otro discreto cede, y aun se hace de su banda, por no ajar el decoro, al punto ellos se pasan a la contraria, con que se halla atajada la mayor discreción. Sin duda que son más irremediables que los verdaderos locos, porque con éstos vale el hacerse de su tema, pero con aquéllos es peor; ni valen razones, porque, como no la tienen, no la admiten.

Quien no tiene usado el genio de esta gente —que hay naciones enteras tocadas de este achaque—, admírase a los principios de tan exótica monstruosidad, pero, en sondando el extravagante porte, hace graciosísimo deporte, que el cuerdo de todo sale airoso por el atajo de la galantería.

Mas cuando dos de una misma malhumorada impertinencia topan y se empeñan, estése a la mira el varón cuerdo, no tercie, que yo le afianzo el mejor rato con tal que asegure su partido y mire desde la talanquera de su cordura los toros de la necedad ajena.

Que alguna rara vez y con sobra de ocasión se destemple y aun se desazone uno, no será vulgaridad, que el nunca enojarse es querer ser bestia siempre. Pero la perenal destemplanza, y con todo género de personas, es una intolerable grosería. El sinsabor que ocasionó el esclavo no ha de ser desabrimiento de la ingenuidad, mas quien no tiene capacidad para conocerse, menos tendrá valor para enmendarse.

De aquí nace que estos tales, muy pagados de su paradoja, solicitan la ocasión y andan a caza de empeños, van a la conversación como a contienda, levantan las porfías, y, hechos arpías insufribles del buen gusto, todo lo arañan con sus acciones y todo lo desazonan con sus palabras. Pues ¿qué, si les coge este picante humor algo leídos, aunque sepan las cosas a lo necio, que es mal sabidas? Se pasan luego de bachilleres de presunción a licenciados de malicia, monstruos de la impertinencia.

XV. Tener buenos repentes

Problema

Érase el rayo el arma más cierta del fabuloso Júpiter, en cuya instantánea potencia libraba sus mayores vencimientos. Con rayos triunfó de los rebelados gigantes, que la presteza es madre de la dicha. Ministrábalos el águila, porque realces de prontitud salieron siempre de remontes de ingenio.

Hombres hay de excelentes pensados, y otros de extremados repentes; éstos admiran, aquéllos satisfacen.

«Harto presto, si harto bien», dijo el sabio. Nunca examinamos en las obras la presteza o la tardanza, sino la perfección: por aquí se rige la estimación; son aquéllos accidentes que se ignoran o se olvidan, y el acierto permanece. Antes bien, lo que luego se hizo luego se deshará, y se acaba presto, porque presto se acabó. Cuanto más tiernos sus hijos, se los traga Saturno con más facilidad, y lo que ha de durar una eternidad ha de tardar otra en hacerse.

Pero si a todo acierto se le debe estimación, a los repentinos, aplauso; doblan la eminencia por lo pronto y por lo feliz. Piensan mucho algunos para errarlo todo después, y otros lo aciertan todo sin pensarlo antes. Suple la vivacidad del ingenio la profundidad del juicio, y previene el ofrecimiento a la consultación. No hay acasos para éstos, que la lealtad de su prontitud sustituye a la providencia.

Son los prestos lisonjas del buen gusto y los repentes hechizo de la admiración, y por eso tan plausibles; salen más las medianías impensadas que los superlativos prevenidos. No decía mucho, aunque bien, el que decía: «El tiempo y yo, a otros dos». «El sin tiempo y yo, a cualquiera». Esto sí que es decir, y más hacer. Quien dice tiempo, todo lo dice: el consejo, la providencia, la sazón, la madurez, la espera, fianzas todas del acierto; pero el repente sólo se encomienda a su prontitud y a su ventura.

Después que la providencia previene, la prudencia dispone y la sazón asiste, suele abortar la ejecución; pues que una prontitud a solas saque a luz sus aciertos, apláudasele su dicha y su valor; campee el acertar de una presteza a vista del errar de un reconsejo.

Atribuyen algunos estos aciertos a sola la ventura, y debieran también a una perspicacia prodigiosa; a quien no reconoce deuda este realce de héroes es al arte; todo lo agradece a la naturaleza y a la dicha. No cabe artificio donde apenas la advertencia socorre la facilidad del concebir, donde no hay lugar para discurrir, y la felicidad del ofrecerse donde no hubo tiempo para pensarse, ayúdase del señorío contra el ahogo y del despejo contra la turbación, y con esto, muy señora la prontitud de la dificultad y de sí misma, no llega, ve y vence, sino que vence, y después ve y llega.

Hace examen de su vivacidad en los más apretados lances y obra de oposición su inteligencia. Suele un aprieto aumentar el valor; así una dificultad la perspicacia. Cuanto más apretados, hay algunos que discurren más, y con el acicate de la mayor urgencia vuelan; a mayor riesgo, mayor desempeño, que hay también superior antiperístasis, que aumenta la intensión a la inteligencia y, sutilizando el ingenio, engorda sustancialmente la prudencia.

Bien es verdad que se hallan monstruos de cabeza que de repente todo lo aciertan y todo lo yerran de pensado. Hay algunos que lo que no se les ofrece luego, no se les ofrece más; no hay que esperar al reconsejo ni que apelar a después. Pero ofrecéseles mucho, que recompensó la naturaleza próvida con la eminente prontitud la falta del pensar, y, en fe de su acudir, no temen contingencias.

Son muy útiles sobre admirados estos repentes. Bastó uno a acreditar a Salomón del mayor sabio y le hizo más temido que toda su felicidad y potencia. Por otros dos, merecieron ser primogénitos de la fama Alejandro y César. Célebre fue el de aquél al cortar el nudo gordio, y plausible el de éste al caer; a entrambos les valieron dos partes del mundo dos repentes y fueron el examen de si eran capaces del mando del mundo.

Y si la prontitud en dichos fue siempre plausible, la misma en hechos merece aclamación; la presteza feliz en el efecto arguye eminente actividad en la causa; en los conceptos, sutileza; en los aciertos, cordura; tanto más estimable cuanto va de lo agudo a lo prudente, del ingenio al juicio.

Prenda es ésta de héroes que los supone y los acredita, arguye grandes fondos y no menores altos de capacidad. Muchas veces la reconocimos con admiración y la ponderamos con aplauso en aquel tan grande héroe, como patrón nuestro, el Excelentísimo Duque de Nochera, don Francisco María Carrafa, a cuya prodigiosa contextura de prendas y de hazañas bien pudo cortarla el hilo la suerte, pero no mancharla con el fatal licor de aquellos tiempos. Era máximo el señorío que ostentaba en los casos más desesperados, la imperturbabilidad con que discurría, el despejo con que ejecutaba, el desahogo con que procedía, la prontitud con que acertaba; donde otros encogían los hombros, él desplegaba las manos. No había impensados para su atención, ni confusiones en su vivacidad, emulándose lo ingenioso y lo cuerdo, y aunque le faltó al fin la dicha, no la fama.

En generales y campeones ésta es la ventaja mayor, tan urgente cuan sublime, porque casi todas sus acciones son repentes y sus ejecuciones prestezas; no se pueden llevar allí estudiadas a las contingencias ni prevenidos los acasos; hase de obrar a la ocasión, en que consiste el triunfo de una acertada prontitud, y sus victorias en ella.

En los reyes dicen mejor los pensados, porque todas sus acciones son eternas; piensan por muchos, válense de prudencias auxiliares y todo es menester para el universal acierto. Tienen tiempo y lecho donde se maduren las resoluciones, pensando las noches enteras para acertar los días, y al fin ejercitan más la cabeza que las manos.

XVI. Contra la figurería

Satiricón

Reparo fue en los advertidos, si risa en los necios, el discurrir. Diógenes con la antorcha encendida al mediodía, rompiendo por el innumerable concurso de una calle. Pasó a admiración cuando, preguntándole la causa, respondió: «Voy buscando hombres, con deseo de encontrar alguno, y no le hallo». «Pues ¿y éstos, le replicaron ellos, no son hombres?» «No, respondió el filósofo; figuras de hombres, sí; verdaderos hombres, no».

Así como hay prendas plausibles, así también hay defectos muy salidos, y si aquéllas consiguen la gracia de los exquisitos, éstos el desprecio universal. Es éste de los más notables, y famoso con propiedad, ya por sí, ya por los sujetos, en quien se halla; él es tan vario, que es análogo, y ellos tantos, que no se pueden especificar.

Son muchos los terreros de la risa y aquéllos, afectadamente, lo quieren ser, que por diferenciarse de los demás hombres siguen una extravagante singularidad y la observan en todo. Señor hay que pagaría el poder hablar por el colodrillo por no hablar con la boca como los demás, y ya que no es posible eso, transforman la voz, afectan el tonillo, inventan idiomas y usan graciosísimos bordones para ser de todas maneras peregrinos. Sobre todo martirizan su gusto, sacándolo de sus quicios; él es común con los demás hombres, y aun con los brutos, y quiérenlo ellos desmentir con violencias de singularidad, que son más castigo de su afectación que elevaciones de su grandeza. Beberán a veces lejía y la celebrarán por néctar; dejan el generoso rey de los licores por antojadizas aguas que repiten a jarabes, y ellos las bautizan por ambrosía, y tienen de frialdad lo que les falta de generosidad. De esta suerte, inventan cosas cada día para llevar adelante su singularidad, y realmente lo consiguen, porque, el común de los hombres no halla en estas cosas el verdadero gusto y la real bondad que ellos exageran; no las apetece, y quédanse ellos con su extravagancia; llámenla otros impertinencia.

De este modo, o tan sin él, se portan en todo lo demás. Si bien la necesidad, y aun el gusto, tal vez desmiente su capricho, por más que procuren engañarlo. Sábeles bien uno y alaban otro, como le sucedió a un gran valedor de esta secta de excepciones que, bebiendo un caduco vino, no pudiendo contenerse, exclamó y dijo: «¡Oh preciosísimo néctar, que vences a los bálsamos y alquermes! Lástima es que seas tan vulgar; ídolo fueras de príncipes, si ellos solos te bebieran».

Lo célebre es que en los vulgares vicios no se corren de asemejar, no digo ya a los más viles de los hombres, pero a los mismos brutos, y en cosas humanas quieren dictar divinidades.

En las acciones heroicas dice bien la singularidad, ni hay cosas que concilien más que veneración que las hazañas. En la alteza del espíritu y en los altos pensamientos consiste la grandeza. No hay hidalguía como la del corazón, que nunca se abate a la vileza. Es la virtud carácter de heroicidad, en que dice muy bien la diferencia. Han de vivir con tal lucimiento de prendas los príncipes, con tal esplendor de virtudes, que si las estrellas del cielo, dejando sus celestes esferas, bajaran a morar entre nosotros, no vivieran de otra suerte que ellos.

¿Qué aprovecha la fragancia de los ámbares, si la desmiente la hediondez de las costumbres? Bien pueden embalsamar el cuerpo, pero no inmortalizar el alma. No hay olor como el del buen nombre, ni fragancia como la de la fama, que se percibe de muy lejos, que conforta los atentos y va dejando rastro de aplauso por el teatro del mundo, que durará siglos enteros.

Pero así como a los unos los hace aborrecibles, y aun intratables, esta enfadosa afectación, que todos los cuerdos la silban, así a otros los hace singulares el no querer serlo y menos parecerlo. Este vivir a lo práctico, un acomodarse a lo corriente, un casar lo grave con lo humano, hizo tan plausible al Excelentísimo Conde de Aguilar y Marqués de la Hinojosa, segundo mecenas nuestro. Hacíase a todos, y así era amado de todos, que hasta los enemigos le aplaudieron vivo y le lloraron muerto. Oí decir de él a muchos y muy cuerdos: «Éste sí que sabe ser señor sin figurerías», palabra digna de un tan gran héroe.

Otro género hay de éstos, que no son hombres, y son aún más figuras; pues si los primeros son enfadosos, éstos son ya ridículos; aquéllos, digo, que ponen el diferenciarse en el traje y singularizarse en el porte; aborrecen todo lo práctico y muestran una como antipatía con el uso; afectan ir a lo antiguo, renovando vejedades. Otros hay que en España visten a lo francés y en Francia a lo español, y no falta quien en la campaña sale con golilla y en la Corte con valona, haciendo de esta suerte celebrados matachines, como si necesitase de sainetes la fisga.

Nunca se ha de dar materia de risa, ni a un niño, cuánto menos a los varones cuerdos y juiciosos, y hay muchos que parece que ponen todo su cuidado en dar que reír, y que estudian cómo dar entretenimiento a las hablillas. El día que no salen con alguna ridícula singularidad lo tienen por vacío; pero ¿de qué pasaría la fisga de los unos sin la figurería de los otros? Son unos vicios materia de otros; de esta suerte la necedad es pasto de la murmuración.

Pero si la singularidad frívola en la corteza del traje es una irrisión, ¿qué será la del interior, digo, del ánimo? Hay algunos que parece que les calzó la naturaleza el gusto y el ingenio al revés, y lo afectan por no seguir el corriente. Exóticos en el discurrir, paradojos en el gustar y anómalos en todo, que la mayor figurería es sin duda la del entendimiento.

Ponen otros su capricho en una vanísima hinchazón, nacida de una loca fantasía y forrada de necedad; con esto afectan una enfadosa gravedad en todo y con todos, que parece que honran con mirar y que hablan de merced. Hay naciones enteras tocadas de este humor: que si para uno de éstos no tiene espera la risa, ¿qué será en tan ridícula pluralidad?

Sea el decir con juicio; el obrar con decoro; las costumbres graves; las acciones heroicas, que esto hace a un varón venerable, que no fantásticas presunciones. Ni censura este crítico discurso la verdadera gravedad, que atiende siempre a su decoro; aquél nunca rozarse en conservar la flor del respeto, y como en la funda de su fondo de la estimación. Condena, sí, el exceso de una vana singularidad, que toda viene a parar en inútiles afectaciones.

Pero ¿qué remedio habría tan eficaz, que curase a todos éstos de figuras y los volviese al ser de hombres? Pues de verdad que lo hay, y es infalible. Dejo la cordura, que es el remedio común de todos los males, y voy al singular de la singularidad. El remedio de todos éstos es poner la mira en otro semejante afectado, paradojo, extravagante, figurero; mirarse y remirarse en este espejo de yerros, advirtiendo la risa que causa y el enfado que solicita, ponderando lo feo, lo ridículo, o afectado de él, o por mejor decir, propio en él; que esto sólo bastará para hacer aborrecer eficazmente todo género de figurería, y aun temblar del más leve asomo, del más mínimo amago de ella.

XVII. El hombre en su punto

Diálogo entre el doctor don Manuel Salinas y Lizana, canónigo de la Santa Iglesia de Huesca, y el autor

Autor — Notable singularidad la de los persas, no querer ver sus hijos hasta que tenían siete años. El mismo paternal amor, que es el mayor, sin duda, no era bastante a desmentir, o por lo menos disimular, las imperfecciones de la común niñez. No los tenían por hijos hasta que los veían discurrir.

Canónigo — Pero si un padre no puede sufrir a un ignorante hijuelo, y espera siete años la hermosísima razón para admitirle a su comunicación, ya capaz, ¿qué mucho que un varón entendido no pueda tolerar un necio extraño, y que lo extrañe a su culta familiaridad?

Autor — No conduce la naturaleza, aunque tan próvida, sus obras a la perfección el primer día, ni tampoco la industriosa arte; vanlas cada día adelantando, hasta darles su complemento.

Canónigo — Así es que todos los principios de las cosas son pequeños, aun de las muy grandes, y vase poco a poco llegando al mucho mucho del perfecto ser. Las cosas que presto llegan a su perfección valen poco y duran menos; una flor, presto es hecha y presto deshecha; mas un diamante, que tardó en formarse apela para eterno.

Autor — Sin duda que esto mismo sucede en los hombres, que no de repente se hallan hechos. Vanse cada día perfeccionando, al paso que en lo natural en lo moral, hasta llegar al deseado complemento de la sindéresis, a la sazón del gusto y a la perfección de una consumada virilidad.

Canónigo Es tan cierto eso, que a cada paso vemos, y lo censuramos en algunos, que realmente saben y discurren; pero se conoce que aún no están del todo hechos, que aún les falta un algo, y a veces lo mejor; y hay más y menos en esto, que va también por grados la discreta intensión. Unos están muy a los principios de lo entendido, pero se harán; otros hay más adelantados en todo; y algunos que han llegado ya al complemento de prendas; que es menester mucho para llegar a ser un varón totalmente consumado.

Autor Al modo, diría yo, que el generoso licor que es bueno, y más si es bueno el vino, tiene cuando comienza una ingratísima dulzura, una insuave rigidez, como no está aún hecho; pero, en comenzando a hervir, comienza a defecarse, pierde con el tiempo aquella crudeza primitiva, corrige aquella enfadosa dulzura, y cobra una suavísima generosidad, que hasta con el color lisonjea y con su fragancia solicita, y ya en su punto es pasto de hombres y aun celebrado néctar. Conque entiendo por qué de Júpiter fingieron que introdujo el abortivo hijuelo Baco, no en la boca, desapacible al gusto por lo imperfecto, sino en la rodilla, reservando para la discreta Palas el cerebro.

Canónigo A ese modo, en el vaso frágil del cuerpo se va perfeccionando de cada día el ánimo. No luego está en su punto. Tienen todo los hombres a los principios una enfadosa dulzura de la niñez, una insuave crudeza de la mocedad; aquel resabio a los deleites, aquella inclinación a cosas poco graves, empleos juveniles, ocupaciones frívolas, y aunque tal vez en algunos, y bien raros, se anticipe la madurez, conócese que es antes de tiempo en lo desazonado: quiere desmentir en otros la seriedad, o natural o afectada, estas imperfecciones de la edad, mas luego se descuida y desliza en juveniles desaires, dando a entender que aún no estaba en el punto de la entereza.

Autor Gran médico es el tiempo, por lo viejo y por lo experimentado.

Canónigo Él sólo puede curar a uno de mozo, que verdaderamente es achaque. En la mayor edad son ya mayores y más levantados los pensamientos, reálzase el gusto, purifícase el ingenio, sazónase el juicio, defécase la voluntad y al fin hombre hecho, varón en su punto, es agradable y aun apetecible al comercio de los entendidos. Conforta con sus consejos, calienta con su eficacia, deleita con su discurso, y todo él huele a una muy viril generosidad.

Autor Pero antes de sazonarse, ¡qué aspereza nos brindan en todo, qué insuavidad en el entendimiento, qué acedía en el trato, qué desazón en el porte!

Canónigo Pero ¡qué tormento es para un hombre ya maduro y cuerdo haberse de ajustar, o por necesidad o por conveniencia, a uno de estos desazonados y no hechos! Bien puede competir, y aun exceder, a aquél de Fálaris, cuando ataba un vivo con un muerto mano a mano y boca a boca, por ser éste de las almas donde se apura el entendimiento.

Autor Revuelve después ya cuerdo sobre sus pasadas imperfecciones, reconoce ya con seso los borrones de su ignorancia o imprudencia, acusa su mal gusto y ríese de sí mismo liviano, ahora gravé, condenando con juiciosa refleja los apasionados desaciertos, en los elementos de su imperfección.

Canónigo El mal es que algunos nunca llegan a estar del todo hechos, ni llegarán jamás a ser cabales.

Autor Es que les falta alguna pieza, ya en el gusto, que es harto mal, ya en el juicio, que es peor.

Canónigo Y muchas veces advertimos que les falta algo, y no acertamos a definir lo que es.

Autor También tengo muy observado que anda muy desigual el tiempo en hacer los sujetos.

Canónigo Es que para unos vuela y para otros cojea; ya se vale de sus alas, ya saca sus muletas. Hay algunos que muy presto consiguen la perfección en cualquier materia; hay otros que tardan en hacerse, y a veces con daño universal, por serlo la obligación. Que no sólo en la perfección común de la prudencia se van haciendo los hombres, sino en las singulares de cada estado y empleo.

Autor ¿De modo que se hace un rey?

Canónigo Sí, que no se nace hecho; gran asunto de la prudencia y de la experiencia, que son menester mil perfecciones para que llegue a tan grande complemento. Hácese un general a costa de su sangre y de la ajena; un orador, después de mucho estudio y ejercicio; hasta un médico, que para levantar a uno de una cama echó ciento en la sepultura. Todos se van haciendo, hasta llegar al punto de su perfección.

Autor Y pregunto: ese punto a que llegaron, ¿será fijo?

Canónigo Ésa es la infelicidad de nuestra inconstancia. No hay dicha, porque no hay estrella fija de la luna acá; no hay estado, sino continua mutabilidad en todo. O se crece o se declina, desvariando siempre con tanto variar.

Autor ¿De modo que sigue lo moral a lo natural, descaece con la edad la memoria y aun el entendimiento?

Canónigo Sí; y aun por eso conviene lograrlo en su sazón y saber gozar de las cosas en su punto, y mucho más de los varones entendidos.

Autor Mucho es menester para llegar al colmo de perfecciones y de prendas.

Canónigo Macea primero Vulcano, y después contribuye el Numen; sobre los favores de la naturaleza asienta bien la cultura, digo la estudiosidad y el continuo trato con los sabios, ya muertos, en sus libros; ya vivos, en su conversación; la experiencia fiel, la observación juiciosa, el manejo de materias sublimes, la variedad de empleos; todas estas cosas vienen a sacar un hombre consumado, varón hecho y perfecto; y conócese en lo acertado de su juicio, en lo sazonado de su gusto; habla con atención, obra con detención; sabio en dichos, cuerdo en hechos, centro de toda perfección.

Autor Ahora digo que no hay bastante aprecio para un hombre en su punto.

Canónigo Hay logro, ya que no aprecio, buscándole para amigo, granjeándole para consejero, obligándole para patrón y suplicándolo para maestro.

XVIII. De la cultura y aliño

Ficción heroica

«Fue tu padre el Artificio, Quirón de la naturaleza; naciste de su cuidado para ser perfección de todo; sin ti las mayores acciones se malogran y los mejores trabajos se deslucen. Ingenios vimos prodigiosos, ya por lo inventado, ya por lo discurrido, pero tan desaliñados, que antes merecieron desprecio que aplauso.

»El sermón más grave y docto fue desazonado sin tu gracia; la alegación más autorizada fue infeliz sin su aseo; el libro más erudito fue asqueado sin tu ornato; y, al fin, la inventiva más rara, la elección más acertada, la erudición más profunda, la más dulce elocuencia, sin el realce de tu cultura fueron acusadas de una indigna vulgar barbaridad y condenadas al olvido.

»Al contrario, otras vemos que, si con rigor se examinan, no se les conoce eminencia, ni por lo ingenioso ni por lo profundo, y con todo eso son plausibles, en fe de lo aliñado. Lo mismo acontece a todas las demás prendas, por ser trascendental su perfección. Venció la fealdad a la belleza, muchas veces socorrida del aliño, y malogrose otras tantas por descuidada la hermosura; fíase de sí la perfección, y siempre los confiados fueron los vencidos. Cuanto mayor la gala, si desaliñada, es más deslucida, porque la misma bizarría está pregonando el perdido aseo; contigo, al fin, lo poco parece mucho y sin ti lo mucho parece nada.

»Tuviste por madre la Buena Disposición, aquélla que da su lugar a cada cosa, aquélla que todo lo concierta. Consiste mucho el aseo en estar cada parte en su puesto, que fuera de su centro todo lo natural padece violencia y todo lo artificial desconcierto. Una misma casa para una estrella es de exaltación, y para otra de detrimento, que, según es el lugar, es el brillar. La turbación causa confusión, y ésta enfado. Lo que no está compuesto no es más que una rudísima indigesta balumba, asqueada de todo buen gusto; las cosas bien compuestas, a más de lo que alegran con el desembarazo, deleitan con su concierto.

»Frustrada quedaría lastimosamente la buena elección de las cosas si después las malograse un bárbaro desaseo, y es lástima que lo que merecieron por excelentes y selectas lo pierdan por una barbaria inculta. Cansose en balde la invención sublime de los conceptos, la sutileza en los discursos, la estudiosidad en la varia y selecta erudición, si después lo desazona todo un tosco desaliño.

»Hasta una santidad ha de ser aliñada, que edifica el doble cuando se hermana con una religiosa urbanidad. Supo juntar superiormente entrambas cosas aquel gran patriarca, Arzobispo de Valencia, don Juan de Rivera. ¡Qué aliñadamente que fue santo! Y aun eternizó su piedad y su cultura en un suntuosamente sacro colegio, vinculando en sus doctos y ejemplares sacerdotes y ministros la puntualidad en ritos, la riqueza en ornamentos, la armonía en voces, la devoción en culto y el aliño en todo.

»No gana la santidad por grosera, ni pierde tampoco por entendida, pues vemos hoy cortesana la santidad y santa la cortesía en otro patriarca, aunque no otro de aquél, sino muy imitador, el ilustrísimo señor don Alonso Pérez de Guzmán, que no se oponen la virtud y la discreción; y con el mismo aplauso se celebran en aquel gran espejo de prelados, tan cultamente santo y erudito, el ilustrísimo señor don Juan de Palafox, Obispo de la Puebla de los Ángeles, y pudiera en singular por Su Ilustrísima, pues se llamó primero en profecía. De esta suerte se ve y se admira hoy tan culta la santidad y tan aliñada la perfección.

»No solamente ha de ser aseado el entendimiento, sino la voluntad también. Sean cultas las operaciones de estas dos superiores potencias, y si el saber ha de ser aliñado, ¿por qué el querer ha de ser a lo bárbaro y grosero?

»Tus hermanos fueron el Despejo, el Buen Gusto y el Decoro, que todo lo hermosean, y todo lo sazonan, no sola la corteza exterior del traje, sino mucho más el atavío interior, que son las prendas los verdaderos arreos de la persona.

»Pero ¡qué inculto, qué desaliñado tenía la común barbaridad el mundo todo! Comenzó la culta Grecia a introducir el aliño al paso que su imperio. Hicieron cultas sus ciudades, tanto en lo material de los edificios como en lo formal de sus ciudadanos. Tenían por bárbaras a las demás naciones, y no se engañaban. Ellos inventaron los tres órdenes de la arquitectura para el adorno de sus templos y palacios, y las ciencias para sus célebres universidades. Supieron ser hombres porque fueron cultos y aliñados.

»Mas los romanos, con la grandeza de su ánimo y poder, al paso que dilataron su monarquía, extendieron su cultura; no sólo la emularon a los griegos, sino que la adelantaron, desterrando la barbaridad de casi todo el mundo, haciéndole culto y aseado de todas maneras. Quedan aún vestigios de aquella grandeza y cultura en algunos edificios, y por blasón el ordinario encarecimiento de lo bueno, ser obra de romanos. Rastréase el mismo artificioso aliño en algunas estatuas que en fe de la rara destreza de sus artífices eternizan la fama de aquellos héroes que representan. Hasta en las monedas y en los sellos se admira esta curiosidad, que en nada perdonaban al aliño y en nada dejaban parar la barbaria.

»¡Oh, célebre Museo y plausible Teatro de toda esta antigua griega y romana cultura, así en estatuas como en piedras, ya en sellos anulares, ya en monedas, vasos, urnas, láminas y camafeos, el de nuestro mayor amigo, el culto y erudito don Vincencio Juan de Lastanosa, honor de los romanos por su memoria, gloria de los aragoneses por su ingenio! Quien quisiere lograr toda la curiosidad junta, frecuente su original Museo, y quien quisiere admirar la docta erudición y rara de la antigüedad, solicite el que ha estampado de las monedas españolas desconocidas, asunto verdaderamente grande, por lo raro y por lo primero.

»Donde se extrema la romana cultura y el decoro es en las inmortales obras de sus prodigiosos escritores. Allí lucen lo ingenioso de los que escriben y lo hazañoso de quienes escriben, compitiéndose la valentía de los ánimos de unos y la de los ingenios de los otros.

»Conservan aún algunas provincias este heredado aliño, y la que más, la culta Italia, como centro de aquel imperio. Todas sus ciudades son aliñadas, así en lo político, como en el económico gobierno. En España reina la curiosidad, más en las personas que en lo material de las ciudades, no porque sea mayor alabanza, que la barbaridad aun en lo poco lo es y desacredita. En Francia está tan valido el aliño, que llega a ser bizarría, digo en la nobleza. Estímanse las artes, venéranse las letras; la galantería, la cortesía, la discreción, todo está en su punto. Précianse los más nobles de más noticiosos y leídos, que no hay cosa que más cultive los hombres que el saber. Entre muchos varones eminentes luce hoy el prodigioso Francisco Filhol, presbítero y hebdomadario en la Santa y Metropolitana Iglesia de San Esteban de Tolosa, varón de igual ingenio que gusto, como lo prueban sus dos Bibliotecas, la primera de sus obras y la segunda de las ajenas.

»Hijos son tuyos el Agrado y el Provecho, que si en un jardín lo que más lisonjea, después del buen delecto de las plantas y las flores, es la acertada disposición de ellas, ¿cuánto más, en el jardín del ánimo, merecerán el gusto, la fragancia de los dichos y la galantería de los hechos, realzadas de la cultura?

»Hállanse hombres naturalmente aliñados en quienes parece que el aseo no es cuidado, sino fuerza; no perdonan al menor desorden en sus cosas; es en ellos connatural la gala, así interior como exterior; tienen un corazón impaciente al desaliño. Hasta en los ejércitos afectaba Alejandro la cultura, que parecían más, dijo el Curcio, órdenes de compuestos senadores, que hileras de desbaratados soldados. Hay otros de un corazón tan dejado de sí mismo, que no cupo jamás en él cuidado ni artificio, cuanto menos impaciencia, y así, todo cuanto obran lleva este desmedro de tosco y este deslucimiento de bárbaro.

»Es circunstancia el aliño que arguye tal vez mucha sustancia, porque nace de capacidad, y porque lo tuvo en componer un fuego, acción tan servil y tan vulgar, el Taicosama fue primero argumento, y ocasión después, de llegar a ser emperador del Japón, de siervo particular a ser amo universal; prodigiosa fortuna que los leños aliñados por su mano le pusieron o se trocaron en un cetro en ella misma.

»Ésta es, ¡oh, cultísimo realce del varón discreto!, tu esplendorizada prosapia. ¿Qué mucho que seas tan valido entre personas, que si no las supones, tú las haces?»

De esta suerte las tres Gracias informaban al Aliño, asegurando que todo lo dicho lo habían copiado del culto, bizarro, galante, cortesano, lucido, práctico, erudito, y sobre todo discreto, el Excelentísimo Señor don Duarte Fernando Álvarez de Toledo, Conde de Oropesa.

XIX. Hombre juicioso y notante

Apología

«Muy a lo vulgar discurrió Momo cuando deseó la ventanilla en el pecho humano; no fue censura, sino desalumbramiento, pues debiera advertir que los zahoríes de corazones, que realmente los hay, no necesitan ni aun de resquicios para penetrar al más reservado interior. Ociosa fuera la transparente vidriera para quien mira con cristales de larga vista, y un buen discurso propio es la llave maestra del corazón ajeno.

»El varón juicioso y notante (hállanse pocos, y por eso más singulares) luego se hace señor de cualquier sujeto y objeto, Argos al atender y lince al entender. Sonda atento los fondos de la mayor profundidad, registra cauto los senos del más doblado disimulo y mide juicioso los ensanches de toda capacidad. No le vale ya a la necedad el sagrado de su silencio, ni a la hipocresía la blancura del sepulcro. Todo lo descubre, nota, advierte, alcanza y comprende, definiendo cada cosa por su esencia.

»Todo grande hombre fue juicioso, así como todo juicioso fue grande, que realces en la misma superioridad de entendido son extremos del ánimo. Bueno es ser noticioso, pero no basta; es menester ser juicioso; un eminente crítico vale primero en sí, y después da su valor a cada cosa; califica los objetos y gradúa los sujetos; no lo admira todo ni lo desprecia todo; señala, sí, su estimación a cada cosa.

»Distingue luego entre realidades o apariencias, que la buena capacidad se ha de señorear de los objetos, no los objetos de ella, así en el conocer como en el querer. Hay zahoríes de entendimiento que miran por dentro las cosas, no paran en la superficie vulgar, no se satisfacen de la exterioridad, ni se pagan de todo aquello que reluce; sírveles su critiquez de inteligente contraste para distinguir lo falso de lo verdadero.

»Son grandes descifradores de intenciones y de fines, que llevan siempre consigo la juiciosa contracifra. Pocas victorias blasonó de ellos el engaño, y la ignorancia menos.

»Esta eminencia hizo a Tácito tan plausible en lo singular, y venerado a Séneca en lo común. No hay prenda más opuesta a la vulgaridad; ella sola es bastante a acreditar de discreto. El vulgo, aunque fue siempre malicioso, pero no juicioso, y aunque todo lo dice, no todo lo alcanza, raras veces discierne entre lo aparente y lo verdadero; es muy común la ignorancia, y el error muy plebeyo. Nunca muerde sino la corteza, y así todo se lo bebe y se lo traga, sin asco de mentira.

»¡Qué es de ver uno de estos censores del valor y descubridores del caudal, cómo emprende dar alcance a un sujeto! ¡Pues qué, si recíprocamente dos juicios se embisten a la par, con armas iguales de atención y de reparo, deseando cada uno dar alcance a la capacidad del otro! ¡Con qué destreza se acometen! ¡Qué precisión en los tientos! ¡Qué atención a la razón! ¡Qué examen de la palabra! Van brujuleando el ánimo, sondando los afectos, pesando la prudencia. No se satisfacen de uno ni de dos aciertos, que pudo ser ventura, ni de dos buenos dichos, que pudo ser memoria.

»De esta suerte van haciendo anatomía del ánimo, examen del caudal, registrando y ponderando tanto los discursos como los afectos, que de la excelencia de entrambos se integra una superior capacidad. No hay halcón que haga más puntas a la presa, ni Argos que más ojos multiplique, como ellos atenciones a la ajena intención, de modo que hacen anatomía de un sujeto hasta las entrañas y luego le definen por propiedades y esencia.

»Es gran gusto encontrar con uno de éstos y ganarle, que, si no es en fe de la amistad, no franquean su sentir; recátanse, que lo que son prontos al censurar son recatados al hablarlo; observan inviolablemente aquella otra gran treta de sentir con los pocos y de hablar con los muchos; pero cuando en seguro de la amistad y a espaldas de la confianza desahogan su concepto, ¡oh, lo que enseñan!, ¡oh, lo que iluminan! Dan su categoría a cada uno, su vivo a cada acción, su estimación a cada dicho, su calificación a cada hecho, su verdad a cada intento. Admírase en ellos ya el extravagante reparo, ya la profunda observación, la sutil nota, la juiciosa crisis, el valiente concebir, el prudente discurrir, lo mucho que se les ofrece y lo poco que se les pasa.

»Tiembla de su crisis la más segura eminencia y depone la propia satisfacción, porque sabe el rigor de su acertado juicio, que es el crisol de la fineza; pero la prenda que sale con aprobación de su contraste puede pasar y lucir dondequiera. Queda muy calificada, y más que con toda la vulgar estimación, la cual, aunque sea extensa, no es segura, tiene a veces más de ruido que de aplauso, y así, no pudiendo mantenerse en aquel primero crédito, dan gran baja los ídolos del vulgo, porque no se apoyaron en la basa de la sustancial entereza. Vale más un sí de un valiente juicio de éstos que toda la aclamación de un vulgo, que no sin causa llamaba Platón a Aristóteles toda su escuela y Antígono a Zenón todo el teatro de su fama.

»Requiere o supone este valentísimo realce otros muchos en su esfera: lo comprensivo, lo noticioso, lo acre, lo profundo; y si supone unos, condena otros, como son la ligereza en el creer, lo exótico en el concebir, lo caprichoso en el discurrir, que todo ha de ser acierto y entereza.

»Pero nótese que el censurar está muy lejos del murmurar, porque aquél dice indiferencia y éste predeterminación a la malicia. Un integérrimo censor, así como celebra lo bueno, así condena lo malo, con toda equidad de indiferencia. No encarga este aforismo que sea maleante el discreto, sino entendido; no que todo lo condene, que sería aborrecible destemplanza de juicio, ni tampoco que todo lo aplauda, que es pedantería. Hay algunos que luego topan con lo malo en cualquier cosa, y aun lo entresacan de mucho bueno; conciben como víboras y revientan por parir, proporcionando castigo a la crueldad de sus ingenios. Una cosa es ser Momo de mal gusto, pues se ceba en lo podrido, otra es un integérrimo Catón, finísimo amante de la equidad.

»Son éstos como oráculos juiciosos de la verdad, inapasionables jueces de los méritos, pero singulares, y que no se rozan sino con otros discretos, porque la verdad no se puede fiar, ni a la malicia ni a la ignorancia: aquélla por malsín y ésta por incapaz; mas cuando por suma felicidad se encuentran dos de éstos y se comunican sentimientos, crisis, discursos y noticias, señálese aquel rato con preciosa piedra y dedíquese a las Musas, a las Gracias y a Minerva.

»Ni es solamente especulativa esta discreción, sino muy práctica, especialmente en los del mando, porque a la luz de ella descubren los talentos para los empleos, sondan las capacidades para la distribución, miden las fuerzas de cada uno para el oficio y pesan los méritos para el premio, pulsan los genios y los ingenios, unos para de lejos, otros para de cerca, y todo lo disponen porque todo lo comprenden. Eligen con arte, no por suerte; descubren luego los realces y los defectos de cada sujeto, la eminencia o la medianía, lo que pudiera ser más y lo que menos. No tiene aquí lugar la pía afición, que primero es la conveniencia, no la pasión ni el engaño, los dos escollos celebrados de los aciertos, que si éste es engañarse, aquélla es un quererse engañar. Siempre integérrimos jueces de la razón, que sin ojos ven más y sin manos todo lo tocan y lo tantean.

»Gran felicidad es la libertad de juicio, que no la tiranizan ni la ignorancia común ni la afición especial; toda es de la verdad, aunque tal vez por seguridad y por afecto la quiere introducir al sagrado de su interior, guardando su secreto para sí.

»Demás de ser deliciosa, que realmente lo es esta gran comprensión de los objetos, y más de los sujetos de las cosas y de las causas, de los efectos y afectos, es provechosa también su mayor asunto, y aun cuidado es discernir entre discretos y necios, singulares y vulgares, para la elección de íntimos, que así como la mejor treta del jugar es saber descartarse, así la mayor regla del vivir es el saber abstraer».

De esta suerte discurría con el autor el juicioso, el comprensivo, el grande entendedor de todo, el Excelentísimo Señor Duque de Híjar, sucesor en lo entendido y discreto del renombre de Salinas y Alenquer; no sólo en el título, sino en la eminente realidad, que es eco este discurso de tan magistral oráculo.

XX. Contra la hazañería

Sátira

¡Oh, gran maestro aquel que comenzaba a enseñar desenseñando! Su primera lección era de ignorar, que no importa menos que el saber. Encargaba, pues, Antístenes a sus tirones desaprender siniestros para mejor después aprender aciertos.

Grande asunto es el conseguir singulares prendas, pero mayor es el huir vulgares defectos, porque uno solo basta a eclipsarlas todas, y todas juntas no bastan a desmentirlo solo. Por una pequeña travesura de una facción fue condenado todo un rostro a no parecer, y toda la belleza de las demás no es bastante a absolverle de feo.

Los defectos, que por descarados son más conocidos, fácilmente los declina cualquier medianamente discreto, pero hay algunos tan disimulados por revestidos de capa de perfección, que pretenden pasar plaza de realces, especialmente cuando se ven autorizados.

Uno de éstos es la hazañería, que aspira, no a excelencia, como quiera, sino de las muy plausibles, y halla favor para ello en grandes personajes, injiriéndose ya en las armas, ya en las letras, hasta en la misma virtud, y aun se roza con casi héroes, pero verdaderamente no lo son, pues con poco se llenan la boca y el estómago, no acostumbrado a grandes bocados de la fortuna.

Hacen muy del hacendado los que menos tienen, porque andan a caza de ocasiones y las exageran; ya que las cosas valen menos que nada, ellos las encarecen. Todo lo hacen misterio con ponderación, y de cualquier poquedad hacen asombro. Todas sus cosas son las primeras del mundo y todas sus acciones hazañas, su vida toda es portentos, y sus sucesos, milagros de la fortuna y asuntos de la fama. No hay cosa en ellos ordinaria; todas son singularidades del valor, del saber y de la dicha, camaleones del aplauso, dando a todos hartazgos de risa.

Fue necio siempre todo desvanecimiento, mas la jactancia es intolerable. Los varones cuerdos aspiran antes a ser grandes que a parecerlo. Éstos se contentan con sola la apariencia, y así en ellos no es argumento de sublimidad el querer parecer, antes bien de una verdadera poquedad, que cualquiera cosa les pareció mucho.

Nace la hazañería de una desvanecida poquedad y de una abatida inclinación, que no todos los ridículos andantes salieron de la Mancha, antes entraron en la de su descrédito. Parecen increíbles tales hombres, pero los hay de verdad, y tantos, que tropezamos con ellos y les oímos cada día sus ridículas proezas, aunque más la quisiéramos huir, porque si fue enfadosa siempre la soberbia, aquí reída, y por donde buscan los más la estimación topan con el desprecio; cuando se presumen admirados, se hallan reídos de todos.

No nace de alteza de ánimo, sino de vileza de corazón, pues no aspiran a la verdadera honra, sino a la aparente; no a las verdaderas hazañas, sino a la hazañería. De esta suerte hay algunos que no son soldados, pero lo desean ser, y lo afectan y lo procuran parecer: buscan las ocasiones, y cualquiera niñería que se les ofrezca la celebran, y meten más máquina en una antojada aventura que el belicoso y afortunado Marqués de Torrecusa en un romper las trincheras de Fuenterrabía, en un socorrer a Perpiñán y desbaratar campalmente tantas veces los bravos y numerosos ejércitos de Francia.

Muéstranse otros muy ministros, afectando celo y ocupación, grandes hombres de hacer siempre negocio del no negocio. No hay chico pleito para ellos; de las motas levantan polvaredas, y de pocas cosas mucho ruido; véndense muy ocupados, hambreando reposo y tiempo; hablan de misterio; en cada ademán o gesto encierran una profundidad entre exclamaciones y reticencias, de suerte que llevan más máquina que el artificio de Juanelo, de igual ruido y poco provecho.

Andan otros mendigando hazañas, hormiguillas del honor; que con un solo grano, que a veces, más será paja, van más afanados y satisfechos que las valientes pías que tiran el plaustro de Ceres, el carro del lucimiento; y es muy de gallinas cacarear todo un día y al cabo poner un huevo. Andan de parto, soberbios e hinchados montes, y abortan después un ridículo ratón.

Gran diferencia hay de los hazañosos a los hazañeros, y aun oposición, porque aquéllos, cuanto mayor es su eminencia, la afectan menos; conténtanse con el hacer y dejan para otros el decir, que, cuando no, las mismas cosas hablan harto. Que si un César se comentó a sí mismo, excedió su modestia a su valor, no fue afectar la alabanza, sino la verdad. Aquéllos dan las hazañas, éstos las venden y aun las encarecen, inventando trazas para ostentarlas; un acierto mecánico, después de mil yerros civiles y aun criminales, lo blasonan, lo pregonan, y, no hallando hartas plumas en las de la fama, alquilan plumas de oro, para que escriban lodo con asco de la cordura.

Pero que estos desvanecidos hagan hazañería de su nada, excusa tienen en su pasión, que al fin ella y su necedad todo se cae en casa; pero que un gran necio de éstos haga tantos y mayores, dándoles a beber hasta hartar con sus disparates, y que estos idólatras de ignorancia veneren sus desatinos es una inexcusable vulgarísima poquedad. No digo ya de los que políticos, violentados de la dependencia, no les entra de los dientes adentro la ignorancia, así como les sale de solos los dientes afuera la afectada alabanza, porque éstos son lisonjeros de malicia, y como no procede de engaño, quedan absueltos de ignorancia, condenados a adulación. Pero que haya necios en causa y provecho de otro, es caerse la necedad en casa propia y la vanidad en la ajena.

No fueron triunfos los de Domiciano, sino hazañerías; de lo que no hicieran reparo un César, un Augusto, hacían aplauso Calígula y Nerón; triunfaban tal vez por haber muerto un jabalí, que no era triunfo, sino porquería.

Las plumas de la fama no son de oro, porque no se alquilan; pero resuenan más que la sonora plata. No tienen precio, pero le dan a los méritos de aplausos.

XXI. Diligente e inteligente

Emblema

Dos hombres formó naturaleza, la desdicha los redujo a ninguno; la industria después hizo uno de los dos. Cegó aquél, encojó éste, y quedaron inútiles entrambos. Llegó el arte, invocada de la necesidad, y dioles el remedio en el alternado socorro, en la recíproca dependencia.

«¡Tú, ciego, le dijo, préstale los pies al cojo, y tú, cojo, préstale los ojos al ciego». Ajustáronse, y quedaron remediados. Cogió en hombros el que tenía pies al que le daba ojos, y guiaba el que tenía ojos al que le daba pies. Éste llamaba al otro su Atlante, y aquél a éste su cielo.

Vio este prodigio de la industria un varón juicioso y, reparando en él, codiciándole para un ingenioso emblema, preguntó bien, que cuál llevaba a cuál. Y fuele respondido de esta suerte:

-Tanto necesita la diligencia de la inteligencia como al contrario. La una sin la otra valen poco, y juntas pueden mucho. Ésta ejecuta pronta lo que aquélla, detenida, medita, y corona una diligente ejecución los aciertos de una bienintencionada atención.

Vimos ya hombres muy diligentes, obradores de grandes cosas, ejecutivos, eficaces, pero nada inteligentes; y de uno de ellos dijo un crítico frescamente, alabando otros su diligencia, que, si el tal fuera tan inteligente como era diligente, fuera sin duda un gran ministro del Monarca Grande.

Pero a éstos nada se les puede fiar a solas, pues el mayor riesgo corre en su correr; yerran aprisa si los dejan, y emplean toda su eficacia en desaciertos. No es aquello acabar los negocios, sino acabar con ellos, que parece que corren a la posta, digo, a caballo todo, sin caer jamás de su necedad.

Es lo bueno que comúnmente estos tales aborrecen el consejo y lo truecan en ejecución.

Pasión es de necios el ser muy diligente, porque, como no descubren los topes, obran sin reparos; corren porque no discurren, y como no advierten, tampoco advierten que no advierten; que quien no tiene ojos para ver menos los tendrá para verse.

Hay sujetos que son buenos para mandados, porque ejecutan con felicísima diligencia; mas no valen para mandar, porque piensan mal y eligen peor, tropezando siempre en el desacierto. Hay hombres de todos genios, unos para primeros y otros para segundos.

Pero no es menor infelicidad la de una grande inteligencia sin ejecución; marchítanse en flor sus concebidos aciertos, porque los comprendió el hielo de una irresolución y, perdida de aquélla su fragante esperanza, se malogran con el dejamiento.

Resuelven algunos con extremada sindéresis, decretan con plausible elección, y piérdense después en las ejecuciones, malogrando lo excelente de sus dictámenes con la ineficacia de su remisión; arrancan bien y paran mal, porque pararon; discurren mucho, que es lo más; hacen juicio y aun aprecio de lo que conviene y, por una ligera fatiga del ejecutarlo, lo dejan todo perder. Otros hay poco aplicados a lo que más importa, y se apasionan por lo que menos conviene hasta llegar a tener antipatía con su obligación; que no siempre se ajustan el genio y el empleo, y topando más dificultad en lo que abrazan, el gusto todo lo vence, de suerte que nace la fuga más de horror que de temor, más de enfado que de trabajo. Es don, y grande, la buena aplicación, que no siempre se casa ni con el oficio ni con el cargo, aunque sea soberano. ¡Qué de veces degenera de lo heroico y se destina a una vulgarísima nada!

Bien que todos los sabios son detenidos, que del mucho advertir nace el reparar; así como descubren todos los inconvenientes, querrían también prevenir todos los remedios; con esto raras veces recae la diligencia sobre la inteligencia. En los que gobiernan se desea aquélla, y ésta en los que pelean, y si concurren hacen un prodigio.

Fue la mayor presteza en Alejandro madre de la mayor ventura; conquistolo todo, decía él mismo, dejando nada para mañana; ¿qué hiciera para otro año? Pues César, aquel otro ejemplar de héroes, decía que sus increíbles empresas antes las había concluido que consultado, o porque su misma grandeza no le espantase, o porque aun el pensarlas no le detuviese; gran palabra suya el «vamos», y nunca el «vayan los otros». Basta la presteza a hacer rey de las fieras al león, que, aunque muchas de ollas le ganan, unas en armas, otras en cuerpo y otras en fuerzas, él las vence a todas en fe de su presteza.

Éste es aquel excedido exceso que entre sí mantienen los valerosos españoles y los belicosos franceses, igualando el Cielo la competencia, contrapesando la prudencia española a la presteza francesa. Opuso la detención de aquéllos a la cólera de éstos; lo que le falta al español de prontitud lo suple con el consejo y, al contrario, la temeridad en el francés es lastre de su increíble diligencia. Con esto andan equivocadas las victorias y paralelos los sucesos, según las contingencias y los tiempos. Tomoles el pulso César a entrambas naciones, y venció a la una previniendo, y a la otra esperando. A entrambas pudiera encargar el grande Augusto su festina lente en empresas, e hiciera un medio muy acertado.

Tiene lo bueno muchos contrarios, porque es raro, y los males muchos: para lo malo todo ayuda. El camino de la verdad y del acierto es único y dificultoso; para la perdición hay muchos medios y pocos remedios. Contra lo conveniente todas las cosas se conjuran, las circunstancias se despintan: la ocasión pasando, el tiempo huyendo, el lugar faltando, la sazón mintiendo y todo desayudando, pero la inteligencia y la diligencia todo lo vencen.

XXII. Del modo y agrado

Carta al doctor don Bartolomé de Morlanes, capellán del Rey nuestro señor en la santa iglesia de Nuestra Señora del Pilar de Zaragoza

Por este gran precepto, señor mío, mereció Cleóbulo ser el primero de los sabios; luego él será el primero de los preceptos. Mas si el enseñarlo basta a dar renombre de sabio, y el primero, ¿qué le quedará para el que lo observa? Que el saber las cosas y no obrarlas, no es ser filósofo, sino gramático.

Tanto se requiere en las cosas la circunstancia como la sustancia; antes bien, lo primero con que topamos no son las esencias de las cosas sino las apariencias; por lo exterior se viene en conocimiento de lo interior, y por la corteza del trato sacamos el fruto del caudal, que aun a la persona que no conocemos por el porte la juzgamos.

Es el modo una de las prendas del mérito, y que cae debajo de la atención; puédese adquirir, y por eso la falta de ella es inexcusable, bien que en algunos tiene principio del buen natural, pero su complemento da la industria; en otros toda es del arte, que puede el cuidado de ésta suplir los olvidos de aquélla, y aun mejorarlos, pero cuando se juntan hacen un sujeto agradable con igual facilidad y felicidad.

Es también de las bellezas trascendentales a todas las acciones y empleos. Fuerte es la verdad, valiente la razón, poderosa la justicia; pero sin un buen modo todo se desluce, así como con él todo se adelanta. Cualquiera falta suple, aun las de la razón; los mismos yerros dora, las fealdades afeita, desmiente los desaires y todo lo disimula.

¡Qué de materias graves e importantes se gastaron por un mal modo, y qué de ellas ya de desahuciadas se mejoraron y concluyeron por el bueno!

No basta el grande celo en un ministro, el valor en un caudillo, el saber en un docto, la potencia en un príncipe, si no lo acompaña todo esta importantísima formalidad.

Es político adorno de los cetros, esmalte de las coronas; antes bien, en ningún otro empleo es más urgente que en el mandar. Obliga mucho, que los superiores más recaban humanos que despóticos. Ver en un príncipe que, cediendo a la superioridad, se vale de la humanidad, obliga doblado. Primero se ha de reinar en las voluntades y después en la posibilidad. Concilia la gracia de las gentes y aun el aplauso, si no por naturaleza, por arte; que el que lo admira no mira si es propio o si es postizo; gózalo con aclamación.

Es tan útil como acepto. Cosas hay que valen poco por su ser y se estiman por su modo. Pudo dar novedad a lo pasado y ayudarle a volver y aun tener vez. Si las circunstancias son a lo práctico, desmienten lo cansado de lo viejo. Siempre va el gusto adelante, nunca vuelve atrás, no se ceba en lo que ya pasó, siempre pica en la novedad, pero puédesele engañar con lo flamante del modillo. Remózanse las cosas con las circunstancias y desmiéntese el asco de lo rancio y el enfado de lo repetido, que suele ser intolerable y más en imitaciones, que nunca pueden llegar ni a la sublimidad ni a la novedad del primero.

Vese esto más en los empleos del ingenio, que, aunque sean las cosas muy sabidas, si el modo del decirlas en el retórico y del escribirlas en el historiador fuere nuevo, las hace apetecibles.

Cuando las cosas son selectas, no cansa el repetirlas hasta siete veces; pero, aunque no enfadan, no admiran, y es menester guisarlas de otra manera para que soliciten la atención; es lisonjera la novedad, hechiza el gusto, y con sólo variar de sainete se renuevan los objetos, que es gran arte de agradar.

¡Cuántas cosas muy vulgares y ordinarias las pudo realzar a nuevas y excelentes, y las vendió a precio de gusto y de admiración! Y, al contrario, por escogidas que sean, sin este sainete no pican el gusto ni consiguen el agrado.

Préciase de discreto y lo es. Las mismas cosas dirá uno que otro, y con las mismas lisonjeará éste y ofenderá aquél. Tanta diferencia e importancia puede caber en el cómo, y tanto recaba un buen término y desazona el malo; y si la falta de él es tan notable, ¿qué será un modo positivamente malo y afectadamente desapacible, y más en personas de empleo universal? Y vimos en muchos, y aun censuramos, que la afectación, la soberbia, la sequedad, la grosería, la insufribilidad y otras monstruosidades paralelas los hicieron inaccesibles. «Pequeño desmán es, ponderaba un sabio, el sobrecejo en ti, y basta a desazonar toda la vida». Al contrario, el agrado del semblante promete el del ánimo, y la hermosura afianza la suavidad de la condición.

Sobre todo se precia de dorar el No, de suerte que se estime más que un Sí desazonado; azucara con tanta destreza las verdades, que pasan plaza de lisonjas, y tal vez, cuando parece que lisonjea, desengaña, diciéndole a uno, no lo que es, sino lo que ha de ser.

Él es único refugio de cuantos les falta el natural, que entonces se socorren del modo, y alcanzan más con el cuidado que otros con la natural perfección; suple faltas esenciales, y con ventajas en todos los superiores e ínfimos empleos; lo bueno es que no se puede definir, porque no se sabe en qué consiste; o si no, digamos que son todas las tres Gracias juntas en un compuesto de toda perfección.

Y porque no apelemos siempre de prodigios a la antigüedad, ni mendiguemos lo heroico de lo pasado, veneró moderna la admiración y celebró el universal aplauso en su punto, digo en su extremo, esta galante prenda en la católica, en la heroica y también grande la Reina nuestra señora, doña Isabel de Borbón, aquélla que, no ya prosiguió, sino que adelantó la gloria del renombre y la felicidad de los aciertos de las Isabelas Católicas de España. Entre singulares muchos coronados realces, sobreostentaba un tan bizarro modo, un tan soberano agrado, que, de robar los corazones de sus vasallos, llegó a hechizar los afectos; más recababa una humanidad suya que toda una real divinidad. Obró mucho en poco tiempo, vivió plausible, murió llorada. Envidiáronla, o la muerte el alzarse con el mundo, o el Cielo lo ángel y lo santo. Arrebatáronla entrambos a nuestra mejorada dicha, consiguiendo acá el renombre de deseada, que es el primero en las reinas, y allá la gloria, que es la última felicidad.

XXIII. Arte para ser dichoso

Fábula

Tiene la mentida Fortuna muchos quejosos y ningún agradecido. Llega este descontento hasta las bestias, pero ¿a quién mejor? El más quejoso de todos es el más simple. Íbase éste quejando de corrillo en corrillo, y hallaba, no sólo compasión, pero aplauso, especialmente en el vulgo.

Un día, pues, aconsejado de muchos y acompañado de ninguno, dicen que se presentó en la audiencia general del soberano Júpiter; aquí, profundamente humilde, que le es de agradecer a un necio, y otorgada la inestimable licencia de ser escuchado, pronunció mal esta peor trazada arenga:

«Integérrimo Júpiter, que justiciero y no vengador te deseo: aquí tienes ante tu majestuosa presencia el más infeliz, sobre ignorante, de los brutos, solicitando, no tanto la venganza de mis agravios cuanto el remedio de mis desdichas. ¿Cómo pasa, ¡oh, Numen eterno!, tu entereza por la impiedad de la Fortuna, sólo para mí ciega, tirana y aun madrastra, ya que la naturaleza me hizo el más simple de los animales, que es decir cuanto se puede? ¿Por qué esta cruel, a tanta carga, ha de añadir la sobrecarga de desdichado, violando el uso y atropellando la costumbre? Me hace ser necio y vivir descontento; persigue la inocencia y favorece la malicia; el soberbio León triunfa; el Tigre cruel vive; la Vulpeja, que a todos engaña, de todos se ríe; el voraz Lobo pasa. Yo solo, que a ninguno hago mal, de todos lo recibo. Como poco, trabajo mucho; nada del pan, todo del palo. Tráeme desaliñado y yo, que me soy feo, no puedo parecer entre gentes, y sirvo de acarrear villanos, que es lo que más siento».

Conmovió grandemente esta lastimosa proclamación a todos los circunstantes. Sólo Júpiter, severo, que no se inmuta así vulgarmente, alargó la mano sobre que había estado, no tanto recodado, cuanto reservando para la otra parte aquel oído, hizo ademán que llamasen para dar su descargo a la Fortuna.

Partieron en busca de ella muchos soldados, estudiantes y pretendientes; anduvieron por muchas partes y en ninguna la hallaban. Preguntaban a unos y a otros, y ninguno sabía dar razón. Entraron en la casa del poderoso Mando, y era tanta la confusión y la prisa con que todos, sin discurrir, se movían, que no hallaron quien les respondiese, ni aun les escuchase, aunque toparon con muchos. Discurrieron ellos que sin duda no debía de estar entre tanto desasosiego, y no se engañaron. Pasaron a la casa de la Riqueza, y aquí les dijo el Cuidado que había estado, pero muy de paso, no más de para encomendar algunos haces de espinas y unos talegones de leznas. Entraron en la quinta de la Hermosura, que está muy cerca del sexto, para pagarlo por las setenas; toparon con la Necedad, y, sin preguntar más, pasaron a la de la Sabiduría; respondioles la Pobreza que tampoco estaba allí, pero que de día en día la aguardaban.

Sola les quedaba ya otra casa, que estaba sola a la derecha acera. Llamaron, por estar muy cerrada, y salió a responderles una tan hermosa doncella, que creyeron ser alguna de las tres Gracias, y así, la preguntaron cuál era. Respondió con notable agrado que era la Virtud. En esto salía ya de allá dentro, y de lo más interior, la Fortuna, muy risueña. Intimáronla el mandato y obedeció ella como suele, volando a ciegas.

Llegó muy reverente al sacro trono, y todos los del cortejo la hicieron muchas cortesías, y aun zalemas, por recambiarlas. «¿Qué es esto, ¡oh Fortuna!, dijo Júpiter, que cada día han de subir a mí las quejas de tu proceder? Bien veo cuán dificultoso es el asunto de contentar, cuanto más a muchos, y a todos imposible. También me consta que a los más les va mal porque les va bien, y en lugar de agradecer lo mucho que les sobra, se quejan de cualquier poco que les falte. Es abuso entre los hombres nunca poner los ojos en el saco de las desdichas de los otros, sino en el de las felicidades, y al contrario en sí mismos; miran el lucimiento del oro de una corona, pero no el peso o el pesar. Por el tanto, yo nunca hago caso de sus quejas, hasta ahora, que las de éste de todas maneras infeliz traen alguna apariencia».

Mirósela la Fortuna de reojo, iba a sonreír, pero advirtiendo dónde estaba, mesurose y, muy caricompuesta, dijo: «Supremo Júpiter, una palabra sola quiero que sea mi descargo, y sea ésta: si él es un asno, ¿de quién se queja?» Fue muy reída de todos la respuesta, y del mismo Jove aplaudida, y en confirmación de ella y enseñanza del necio acusador, más que consuelo, le dijo:

«Infeliz bruto, nunca vos fuerais tan desgraciado, si fuerais más avisado. Andad, y procurad ser de hoy en adelante despierto como el León, prudente como el Elefante, astuto como la Vulpeja y cauto como el Lobo. Disponed bien de los medios, y conseguiréis vuestros intentos; y desengáñense todos los mortales, dijo alzando la voz, que no hay más dicha ni más desdicha que prudencia o imprudencia».

XXIV. Corona de la discreción

Panegiris

Zaherían a la lengua los huesos del cuerpo humano su tan murmurada flaqueza; ponderaban aquella su liviandad, con que no repara en anticiparse al mismo entendimiento, y no acababan de exagerar los vulgares empeños de su ligereza.

Pero la lengua, no faltándose a sí misma, defendíase con el corazón, que, siendo principio de la vida y rey de los demás miembros, es también de carne todo él. Excusábase con el cerebro, que, siendo asiento de la sindéresis, es muy más muelle que ella; pero no le valía, porque respondieron entrambos por sí, el corazón representando su valor y el cerebro apoyando su mucha estabilidad.

Viendo la lengua lo que la apuraban, sacando fuerzas de su propia flaqueza, dijo: «¿Qué, tan débil os parezco? Pues advertid que, si yo quiero, soy más fuerte que el más sólido de todos vosotros, y, aquí donde me veis toda de carne, basto yo a quebrantar diamantes, que no digo ya huesos». Riéronlo mucho todos, especialmente los dientes, que hicieron amago de detenerla, como suelen. «Sí, yo lo digo –repitió ella–, y lo probaré con tal evidencia, que todos la confeséis con aclamación. Sabed, y nótelo todo el mundo, que, cuando yo digo la verdad, soy lo fuerte de lo fuerte; nadie entonces me puede contrastar, y en fe de ella, todo lo sujeto.

»Fuerte es un rey que todo lo acaba; más fuerte es una mujer, que todo lo recaba; fuerte es el vino, que ahoga la razón, pero más fuerte es la verdad, y yo que la mantengo». «Verdad, verdad», exclamaron todos y diéronse por vencidos. Quedó triunfante la lengua, haciéndose mil en repetir y en celebrar este victorioso suceso.

Tiene esta gran reina su retiro en el corazón y su tribunal en la lengua; aquí vienen a parar todas las causas, si no de primera instancia, por apelación de desengaño.

Así sucedió en aquella célebre contienda que tuvieron entre sí las más sublimes prendas de un varón consumadamente perfecto, sobre el ya globo de oro, para ápice de su inmortal corona. Contendían la Alteza de ánimo, la Majestad de espíritu, la Autoridad, la Estimación, la Reputación, la Universalidad, la Ostentación, la Galantería, el Despejo, la Plausibilidad, el Buen Gusto, la Cultura, la Gracia de las gentes, la Retentiva, lo Noticioso, lo Juicioso, lo Inapasionable, lo Desafectado, la Seriedad, el Señorío, la Espera, lo Agudo, el Buen Modo, lo Práctico, lo Ejecutivo, lo Atento, la Simpatía sublime, la Incomprensibilidad, la Indefinibilidad, con otras muchas de este porte y grandeza.

Comenzó al principio por una generosa emulación, y vino a parar después en un bando tan declarado cuan esclarecido; no sólo ya entre las mismas prendas, sino entre los valederos de ellas. Eran éstos, aunque pocos, singulares, los mayores hombres de los siglos, gigantes todos de la fama, prodigios de las eminencias, al fin todos ellos inmortales héroes.

Competían como apasionados y diligenciaban como poderosos, adelantando cada uno su realce; los sabios por razón, los valerosos por fuerza y los poderosos por autoridad. Fue tal el tesón de inmortalidad, con tal inflamación de aplauso, que se vio arder todo el reino de la heroicidad en esta lucidísima guerra.

Discurría varia la Fama, y muy equívoca la Fortuna, según los tiempos, los usos, y los genios de las gentes, con que cada uno abundaba en su sentir, y nunca se declaraba la victoria. Considerando los varones sabios que el Litigio fue hijo del Caos y parto de la Confusión, propusieron a los demás el llevar esto por tela de juicio y no de la contienda; convinieron todos y remitiéronse al acierto de una sabia, prudente y justísima sentencia. Mas de una dificultad, como se suele, dieron en otra mayor, y fue a qué tribunal acudirían.

Porque Astrea muchos días ha que, desahuciando el mundo, se retiró al cielo. Ir a Momo era condenarse todos; porque la murmuración a nadie da justicia, ni aun arbitrio; todo lo condena. Sola quedaba la Verdad, mas ella ha muchos siglos que dio en cuerda, retirándose a su interior, fingiéndose acatarrada, y aun muda. Con todo eso, a ruego de sus amartelados sabios, y pidiendo primero salvoconducto a los reyes, que por esta sola vez se lo concedieron, dejose ver más hermosa cuanto más de cerca, más galante cuanto más desnuda, que tomó de la primavera con el nombre la belleza. Traía poco séquito, pero lucido, y, aunque aborrecida de muchos, fue acatada de todos.

Sentose en su tribunal a la luz del mediodía. Comenzaron a informar las partes, haciéndose encomios al modo que quedan referidos. Alabolas a todas, y con tal singularidad a cada una, que parecía decantarse a ella, mas al cabo se declaró, diciendo: «Eminentísimos realces del varón culto, plausibles prendas del varón discreto; confieso ingenuamente que a todos os admiro y a todas os celebro, pero no puedo dejar de decir la verdad, por no faltarme a mí misma. Digo, pues, que brilla un sol de los realces, lucimiento de las prendas, esplendor de la heroicidad y de la discreción complemento. Tiene en vez de esfera, religiosa ara en aquel cristiano Haro, don Luis Méndez, idea mayor de esta primera prenda. Llamola Séneca el único bien del hombre; Aristóteles, su perfección; Salustio, blasón inmortal; Cicerón, causa de la dicha; Apuleyo, semejanza de la divinidad; Sófocles, perpetua y constante riqueza; Eurípides, moneda escondida; Sócrates, basa de la fortuna; Virgilio, hermosura del alma; Catón, fundamento de la autoridad. Llevándola a ella sola, llevaba todo el bien Biante; Isócrates la tuvo por su posesión; Menandro, por su escudo; y por su mejor aljaba, Horacio; Valerio Máximo no la halló precio; Plauto la hizo premio de sí misma, y el plausible César la llamó fin de las demás, y yo, en una palabra, la entereza».

XXV. Culta repartición de la vida de un discreto

Mide su vida el sabio como el que ha de vivir poco y mucho. La vida sin estancias es camino largo sin mesones, pues ¡qué si se ha de pasar en compañía de Heráclito! La misma naturaleza, atenta, proporcionó el vivir del hombre con el caminar del sol, las estaciones del año con las de la vida, y los cuatro tiempos de aquél con las cuatro edades de ésta.

Comienza la Primavera en la niñez alegre, tiernas flores en esperanzas frágiles. Síguese el Estío caluroso y destemplado de la mocedad, de todas maneras peligroso, por lo ardiente de la sangre y tempestuoso de las pasiones. Entra después el deseado Otoño de la varonil edad, coronado de sazonados frutos, en dictámenes, en sentencias y en aciertos.

Acaba con todo el Invierno helado de la vejez: cáense las hojas de los bríos, blanquea la nieve de las canas, hiélanse los arroyos de las venas, todo se desnuda de dientes y de cabellos, y tiembla la vida de su cercana muerte. De esta suerte alternó la naturaleza las edades y los tiempos.

Emula el arte, intenta repartir la moral vida ingeniosamente varia. En una palabra la dijo Pitágoras y aun menos, pues en una sola letra y en sus dos ramos cifró los dos caminos tan opuestos del mal y del bien. A este arriesgado bivio dicen que llegó Alcides al amanecer, que la razón es aurora, y aquí fue su común perplejidad. Miraba el de la diestra con horror, y con afición el de la siniestra. Estrecho aquél y dificultoso, al fin cuesta arriba, y por el consiguiente desandado; espacioso éste y fácil, tan cuesta abajo cuan trillado. Paró aquí, reparando cuán superior mano le guió impulsiva por el camino de la virtud al paradero de heroicidad.

Donosamente discurrió uno, y dulcemente lo cantó otro, el Falcón que se convirtió en cisne: diéronle al Hombre treinta años suyos para gozarse y gozar, veinte después prestados del jumento para trabajar, otros tantos del perro para ladrar y veinte últimos de la mona para caducar; excelentísima ficción de la verdad.

Mas, ahorrando de erudita prolijidad, célebre gusto fue el de aquel varón galante que repartió la comedia en tres jornadas y el viaje de su vida en tres estaciones. La primera empleó en hablar con los muertos. La segunda, con los vivos. La tercera, consigo mismo. Descifremos el enigma. Digo que el primer tercio de su vida destinó a los libros, leyó, que fue más fruición que ocupación; que si tanto es uno más hombre cuanto más sabe, el más noble empleo será el aprender; devoró libros, pasto del alma, delicias del espíritu. ¡Gran felicidad, topar con los selectos en cada materia! Aprendió todas las artes dignas de un noble ingenio, a distinción de aquellas que son para esclavas del trabajo.

Previnose para ellas con una tan precisa cuanto enfadosa cognición de lenguas: las dos universales, latina y española, que hoy son las llaves del mundo, y las singulares griegas, italiana, francesa, inglesa y alemana, para poder lograr lo mucho y bueno que se eterniza en ellas.

Entregose luego a aquella gran madre de la vida, esposa del entendimiento e hija de la experiencia, la plausible Historia, la que más deleita y la que más enseña. Comenzó por las antiguas, acabó por las modernas, aunque otros practiquen lo contrario. No perdonó a las propias ni a las extranjeras, sagradas y profanas, con elección y estimación de los autores, con distinción de los tiempos, eras, centurias y siglos; comprensión grande de las monarquías, repúblicas, imperios, con sus aumentos, declinaciones y mudanzas; el número, orden y calidades de sus príncipes; sus hechos en paz y en guerra. Y esto con tan feliz memoria, que parecía un capacísimo teatro de la antigüedad presente.

Paseó los deliciosísimos jardines de la Poesía, no tanto para usarla cuanto para gozarla, que es ventaja y aun decencia; con todo eso, ni fue tan ignorante que no supiese hacer un verso, ni tan inconsiderado que hiciese dos. Leyó todos los verdaderos poetas, adelantando mucho el Ingenio con sus dichos y el juicio con sus sentencias, y entre todos dedicó el seno al profundo Horacio y la mano al agudo Marcial, que fue darle la palma, entregándolos todos a la memoria y más al entendimiento. Con la Poesía juntó la gustosa humanidad, y por renombre las buenas letras, atesorando una relevante erudición.

Pasó a la Filosofía y, comenzando por lo natural, alcanzó las causas de las cosas, la composición del universo, el artificioso ser del hombre, las propiedades de los animales, las virtudes de las hierbas y las calidades de las piedras preciosas. Gustó más de la moral, pasto de muy hombres, para dar vida a la prudencia, y estudiola en los sabios y filósofos, que nos la vincularon en sentencias, apotegmas, emblemas, sátiras y apólogos. Gran discípulo de Séneca, que pudiera ser Lucilio; apasionado de Platón, como divino, de los Siete de la fama, de Epicteto y de Plutarco, no despreciando al útil y donoso Esopo.

Supo con magisterio la Cosmografía, la material y la formal, midiendo las tierras y los mares, distinguiendo los parajes y los climas; las cuatro partes hoy del universo, y en ellas las provincias y naciones, los reinos y repúblicas, ya para saberlo, ya para hablarlo, y no ser de aquellos tan vulgares, o por ignorantes o por dejados, que jamás supieron dónde tenían los pies. De la Astrología supo lo que permite la cordura. Reconoció los celestes orbes, notó sus varios movimientos, numeró sus astros y planetas, observando sus influencias y efectos.

Coronó su práctica estudiosidad con una continua grave lección de la Sagrada Escritura, la más provechosa, varia y agradable al buen gusto y al ejemplo de aquel Fénix de reyes, don Alfonso el Magnánimo, que pasó de cabo a cabo la Biblia catorce veces con comento, en medio de tantos y tan heroicos empleos.

Consiguió con esto una noticiosa universalidad, de suerte que la Filosofía Moral le hizo prudente; la Natural, sabio; la Historia, avisado; la Poesía, ingenioso; la Retórica, elocuente; la Humanidad, discreto; la Cosmografía, noticioso; la sagrada lección, pío, y todo él en todo género de buenas letras consumado, que pudiera competir con el Excelentísimo Señor don Sebastián de Mendoza, Conde de Coruña. Éste fue el grande y primer acto de su vida.

Empleó el segundo en peregrinar, que fue gustoso peregrino, segunda felicidad para un hombre de curiosidad y buena nota. Buscó y gozó de todo lo bueno y lo mejor del mundo, que quien no ve las cosas no goza enteramente de ellas; va mucho de lo visto a lo imaginado; más gusta de los objetos el que los ve una vez que el que muchas, porque aquélla se goza y las demás enfadan; consérvase en aquellas primicias el gusto sin que las roce la continuidad; el primer día es una cosa para el gusto de su dueño, todos los demás para el de los extraños.

Adquiérese aquella ciencia experimental, tan estimada de los sabios, especialmente cuando el que registra atiende y sabe reparar, examinándolo todo o con admiración o con desengaño.

Trasegó, pues, todo el Universo, y paseó todas sus políticas Provincias: la rica España, la numerosa Francia, la hermosa Inglaterra, la artificiosa Alemania, la valerosa Polonia, la amena Moscovia y todo junto en Italia. Admiró sus más célebres emporios, solicitando en cada ciudad todo lo notable, así antiguo como moderno: lo magnífico de sus templos, lo suntuoso de sus edificios, lo acertado de su gobierno, lo entendido de sus ciudadanos, lo lucido de su nobleza, lo docto de sus escuelas y lo culto de su trato.

Frecuentó las cortes de los mayores príncipes, logrando en ellas todo género de prodigios de la naturaleza y del arte en pinturas, estatuas, tapicerías, librerías, joyas, armas, jardines y museos.

Comunicó con los primeros y mayores hombres del mundo, eminentes, ya en letras, ya en valor, ya en las artes, estimando toda eminencia; y todo esto con una juiciosa comprensión, notando, censurando, cotejando y dando a cada cosa su merecido aprecio.

La tercera jornada de tan bello vivir, la mayor y la mejor, empleó en meditar lo mucho que había leído y lo más que había visto. Todo cuanto entra por las puertas de los sentidos en este emporio del alma va a parar a la aduana del entendimiento; allí se registra todo. Él pondera, juzga, discurre, infiere y va sacando quintas esencias de verdades. Traga primero leyendo, devora viendo, rumia después meditando, desmenuza los objetos, desentraña las cosas, averiguando las verdades y aliméntase el espíritu de la verdadera sabiduría.

Es destinada la madura edad para la contemplación, que entonces cobra más fuerzas el alma cuando las pierde el cuerpo, reálzase la balanza de la parte superior lo que descaece la inferior. Hácese muy diferente concepto de las cosas, y con la madurez de la edad se sazonan los discursos y los afectos.

Importa mucho la prudente reflexión sobre las cosas, porque lo que de primera instancia se pasó de vuelo, después se alcanza a la revista.

Hace noticiosos el ver, pero el contemplar hace sabios. Peregrinaron todos aquellos antiguos filósofos discurriendo primero con los pies y con la vista, para discurrir después con la inteligencia, con la cual fueron tan raros. Es corona de la discreción el saber filosofar, sacando de todo, como solícita abeja, o la miel del gustoso provecho o la cera para la luz del desengaño.

La misma Filosofía no es otro que meditación de la muerte, que es menester meditarla muchas veces antes, para acertarla hacer bien una sola después.

Libros a la carta

A la carta es un servicio especializado para empresas,

librerías,

bibliotecas,

editoriales y centros de enseñanza;

y permite confeccionar libros que, por su formato y concepción, sirven a los propósitos más específicos de estas instituciones.

Las empresas nos encargan ediciones personalizadas para marketing editorial o para regalos institucionales. Y los interesados solicitan, a título personal, ediciones antiguas, o no disponibles en el mercado; y las acompañan con notas y comentarios críticos.

Las ediciones tienen como apoyo un libro de estilo con todo tipo de referencias sobre los criterios de tratamiento tipográfico aplicados a nuestros libros que puede ser consultado en Linkgua-ediciones.com.

Linkgua edita por encargo diferentes versiones de una misma obra con distintos tratamientos ortotipográficos (actualizaciones de carácter divulgativo de un clásico, o versiones estrictamente fieles a la edición original de referencia).

Este servicio de ediciones a la carta le permitirá, si usted se dedica a la enseñanza, tener una forma de hacer pública su interpretación de un texto y, sobre una versión digitalizada «base», usted podrá introducir interpretaciones del texto fuente. Es un tópico que los profesores denuncien en clase los desmanes de una edición, o vayan comentando errores de interpretación de un texto y esta es una solución útil a esa necesidad del mundo académico.

Asimismo publicamos de manera sistemática, en un mismo catálogo, tesis doctorales y actas de congresos académicos, que son distribuidas a través de nuestra Web.

El servicio de «libros a la carta» funciona de dos formas.

1. Tenemos un fondo de libros digitalizados que usted puede personalizar en tiradas de al menos cinco ejemplares. Estas personalizaciones pueden ser de todo tipo: añadir notas de clase para uso de un grupo de estudiantes, introducir logos corporativos para uso con fines de marketing empresarial, etc. etc.

2. Buscamos libros descatalogados de otras editoriales y los reeditamos en tiradas cortas a petición de un cliente.

www.ingramcontent.com/pod-product-compliance
Lightning Source LLC
LaVergne TN
LVHW101925220826
846093LV00009B/371

* 9 7 8 8 4 1 1 2 6 7 9 7 7 *